Mathefreunde 1

Herausgegeben von
Edmund Wallis, Leipzig

Erarbeitet von
Catrin Elies, Stendal
Ursula Kluge, Kühnitzsch
Yvonne Kriseleit, Halberstadt
Nancy Lopp, Magdeburg
Isabel Miedtke, Zwickau
Jana Richter, Erfurt
Jana Scherbaum, Halberstadt
Edmund Wallis, Leipzig

VOLK UND WISSEN

Inhalt

Was wir schon wissen –
Was wir schon können
Zahlen und Formen in unserer
Umwelt 4
Lagebeziehungen angeben
und Wege beschreiben 6

Die Zahlen bis 6
Die Zahlen von 1 bis 10 8
Die Zahlen 1 und 2 10
Die Zahl 3 12
Die Zahl 4 13
Die Zahl 5 14
Die Zahl 6 15
Vergleichen der Zahlen von 1 bis 6 . 16
Zerlegen von Mengen und Zahlen . 18
Addieren bis 6 20
Tauschaufgaben 23
Subtrahieren bis 6 24
Addieren und Subtrahieren bis 6 . . . 27
Umkehraufgaben 29
Die Zahl 0 30

Kann ich das schon? 32

Die Zahlen bis 10
Die Zahl 7 34
Die Zahl 8 35
Die Zahl 9 36
Die Zahl 10 37
Vergleichen der Zahlen von 0 bis 10 38
Zerlegen der Zahlen von 1 bis 10 . . . 39
Vorgänger und Nachfolger 40
Der Zahlenstrahl –
Die Zahlen von 0 bis 10 42
Ordnungszahlen 44
Addieren bis 10 46
Tauschaufgaben 48
Addieren bis 10 – Übungen 49
Subtrahieren bis 10 50
Umkehraufgaben 52
Addieren und Subtrahieren bis 10 . . 53

Addieren und Subtrahieren –
Aufgabenfamilien 54
Sachaufgaben –
Rechengeschichten erzählen 55
Gleichungen und Ungleichungen . . . 56

Geld
Geldwerte von 1 Cent bis 10 Cent . . 58
Geldwerte von 1 Euro bis 10 Euro . . 60

Körper
Würfel, Quader, Kugel 62
Bauen mit Würfeln 63

Kann ich das schon? 64

Die Zahlen bis 20
Die Zahlen von 11 bis 20 66
Orientieren im Zwanzigerfeld 68
Vergleichen und Ordnen
der Zahlen bis 20 69
Vorgänger und Nachfolger 70
Addieren zu 10 71
Addieren ohne Zehnerübergang . . . 72
Tauschaufgaben 73
Subtrahieren ohne
Zehnerübergang 74
Addieren und Subtrahieren
ohne Zehnerübergang 75
Addieren und Subtrahieren
mit drei Zahlen 77
Umkehraufgaben 78
Nachbaraufgaben – Aufgaben-
familien – Rund um die 10 79
Verdoppeln 80
Halbieren 81
Gerade und ungerade Zahlen 82
Sachaufgaben – Fragen zuordnen . . 84
Fragen stellen – Lösungswege
finden – Antworten geben 85

Kann ich das schon? 86

Geometrische Figuren

Dreieck, Viereck, Kreis 88
Figuren legen 89
Figuren auslegen 90
Falten und Muster legen 92
Geobrett 93

Geld

Geldwerte bis 20 Euro 94

Addieren und Subtrahieren bis 20

Addieren mit Zehnerübergang 96
Subtrahieren mit Zehnerübergang . . 98
Addieren und Subtrahieren mit
Zehnerübergang 100
Gleichungen und Ungleichungen . . . 102
Sachaufgaben –
Fragen finden und beantworten 104
Sachaufgaben –
Schrittfolge zum Lösen 105
Kombinieren 106

Linien, Geraden und Strecken

Gekrümmte und gerade Linien 108
Geraden und Punkte 109
Strecken 110

Längen

Schätzen und Messen 111
Zentimeter 112

Strecken

Zeichnen von Strecken 113

Kann ich das schon? 114

Die Zahlen bis 100

Die Zehnerzahlen bis 100 116
Vergleichen und Ordnen
von Zehnerzahlen 118
Rechnen mit Zehnerzahlen 119
Alle Zahlen bis 100 –
die Hundertertafel 120
Sammeln von Daten 122
Informationen aus Tabellen 123

Größen

Meter 124
Geldwerte bis 100 Euro 125
Uhr – Uhrzeit 126

Projektideen

Zahlen überall 128
„Das macht nach Adam Ries ..." . . . 130
Mathematik zum
Staunen und Spielen 132
Mathematik in der Kunst 134

An der Seitenfarbe kannst du erkennen, worum es gerade geht.

Zahlen und Operationen
Größen
Geometrie

Die Aufgaben sind so nummeriert: ①

Hier ist es etwas schwieriger: ☐1

So erkennst du eine kniffelige Aufgabe: △1

Auf den gelben Zetteln findest du die Lösungen:

Merkkasten

Wiederholungskasten

Bildinhalt erschließen: Anzahlen ermitteln, zählen, Zahlen erkennen und nennen, Lagebeziehungen angeben
(rechts, links, oben, unten, vorn, hinten, zwischen)

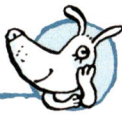

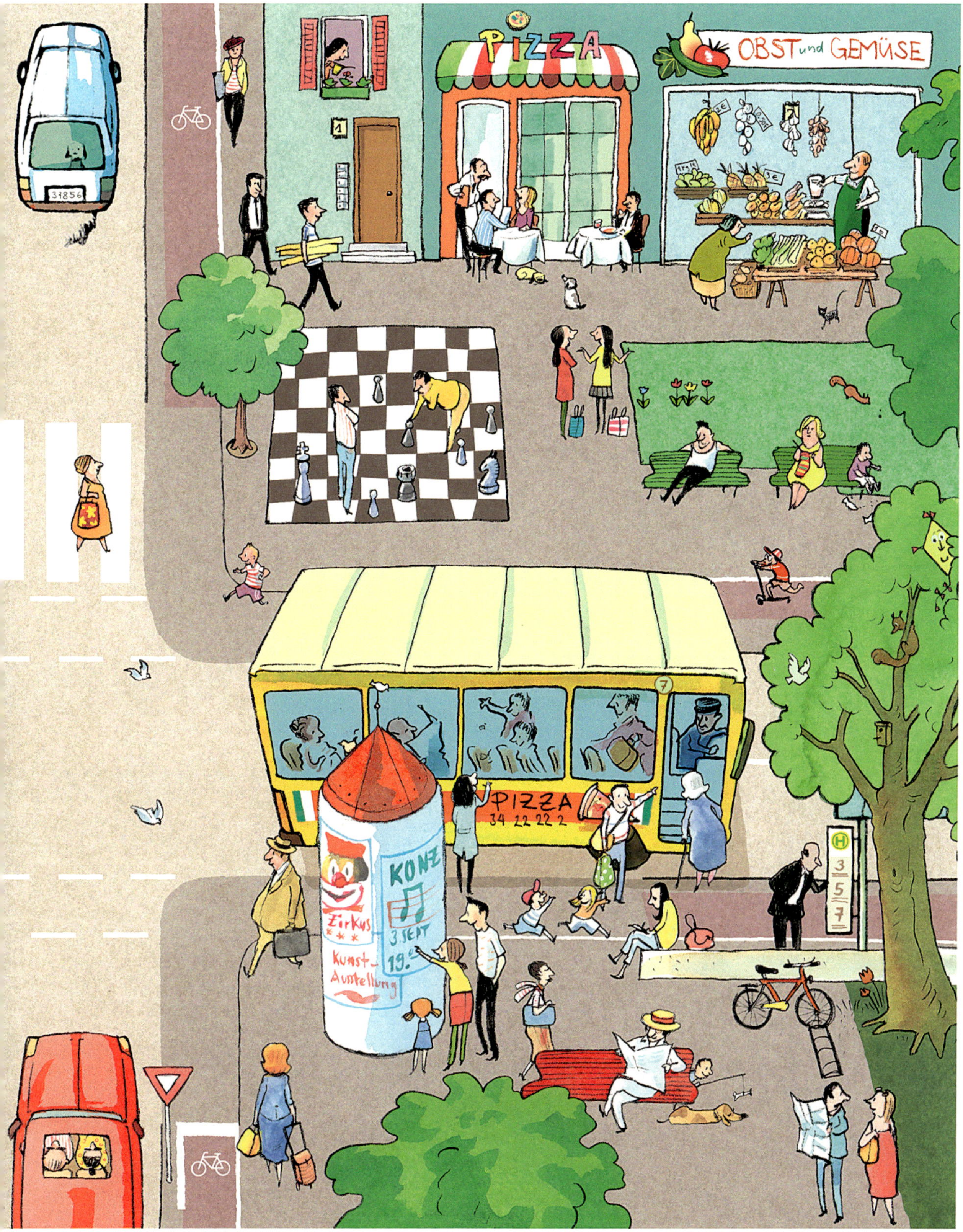
PIZZA
OBST und GEMÜSE
37856
PIZZA
34 22 22 2
KONZ
3. SEPT
19.
Zirkus
Kunst-
Ausstellung

links

oben

rechts

links

unten

rechts

①

Hafen

1: Standort benennen (vor, hinter, neben, unter, über, rechts, links, zwischen)

AH ▸ 2–3   TÜ ▸ 2–4

①

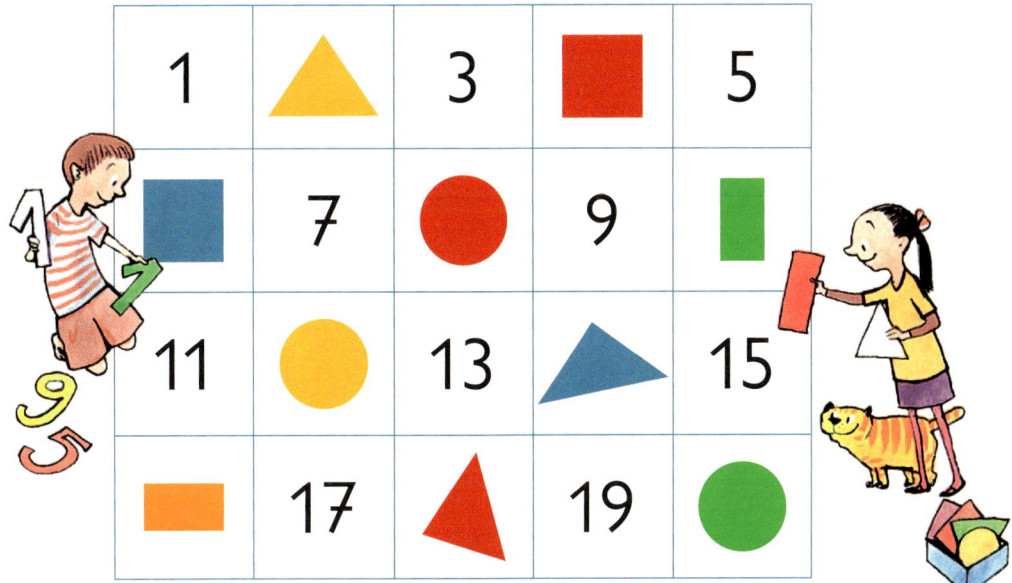

1	△	3	■	5
■	7	●	9	▮
11	●	13	◢	15
▬	17	◣	19	●

②

1: Figuren nennen (blaues Dreieck, rotes Viereck …) und Lage in Beziehung zu den anderen Figuren oder den Zahlen beschreiben
2: Weg zu einem bestimmten Zielpunkt (Spielplatz, Pavillon …) beschreiben

AH ● 2–3   TÜ ● 2–4

Die Zahlen von 1 bis 10

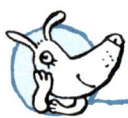

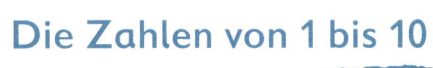

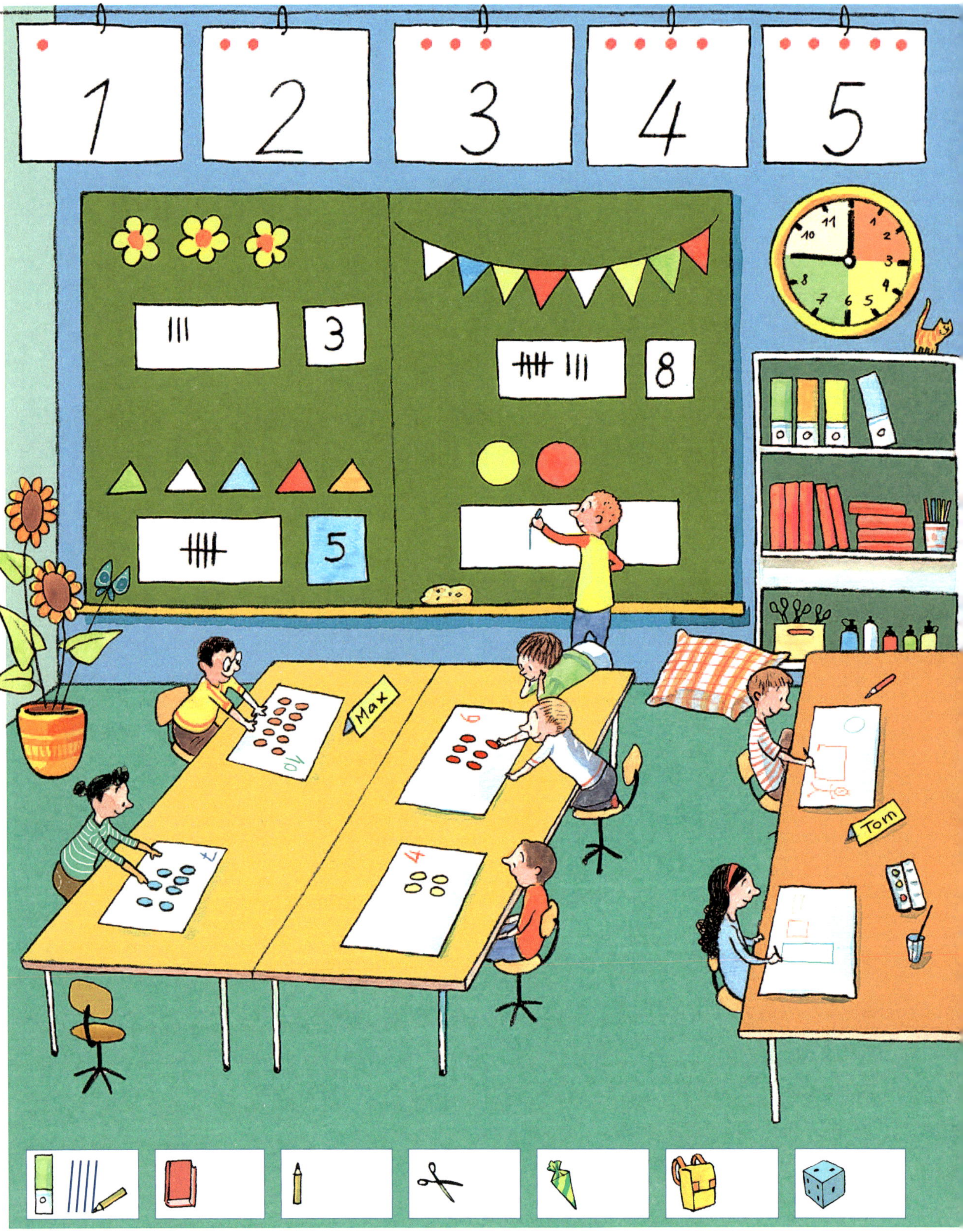

Bildinhalt erschließen: Anzahl der Kinder und Dinge bestimmen, Zahlen erkennen und nennen, Lagebeziehungen angeben, Strichlisten führen

AH ▶ 3 TÜ ▶ 4

①

②

③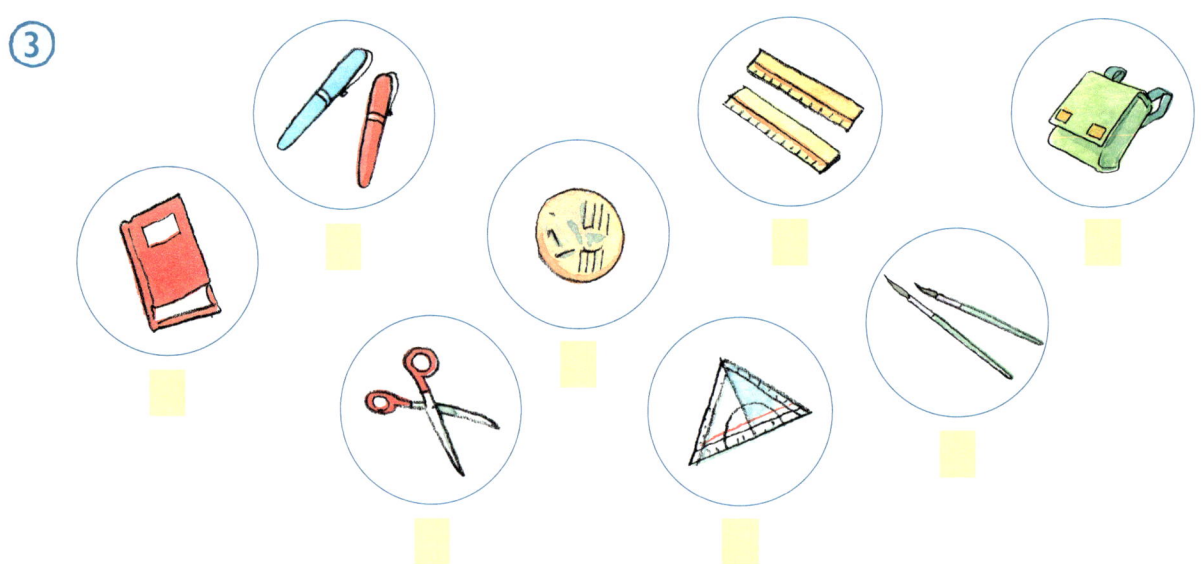

1: Unterrichtsgespräch zum Bild: Anzahl der Dinge bestimmen, Lage der Dinge beschreiben
2: Zahlen 1 und 2 erfassen: Menge, Zehnerstreifen, Ziffernschreibweise   3: Zuordnung Zahl – Menge

①

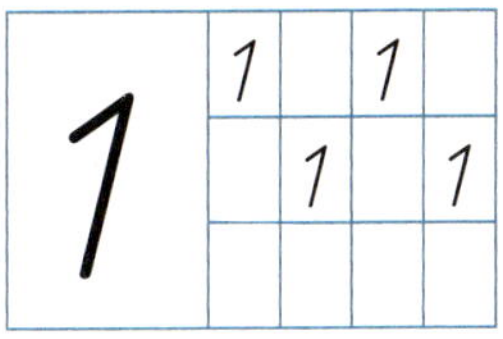

1	*1*	*1*
	1	*1*

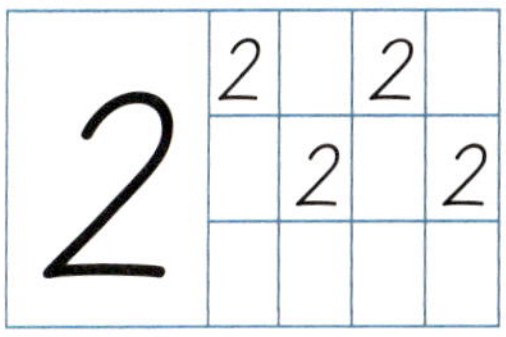

2	*2*	*2*
	2	*2*

②

③

1: Ziffernschreibweise veranschaulichen
2: Gespräch zum Bild: Anzahl der Gegenstände bestimmen, Lage beschreiben, Lagebeziehungen   3: Zuordnung: Zahl – Menge

①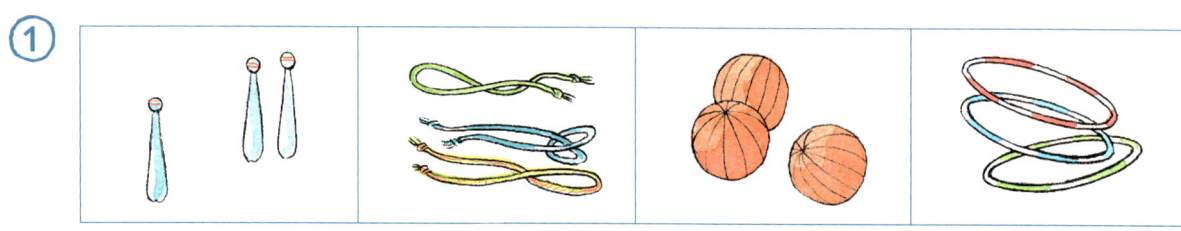

②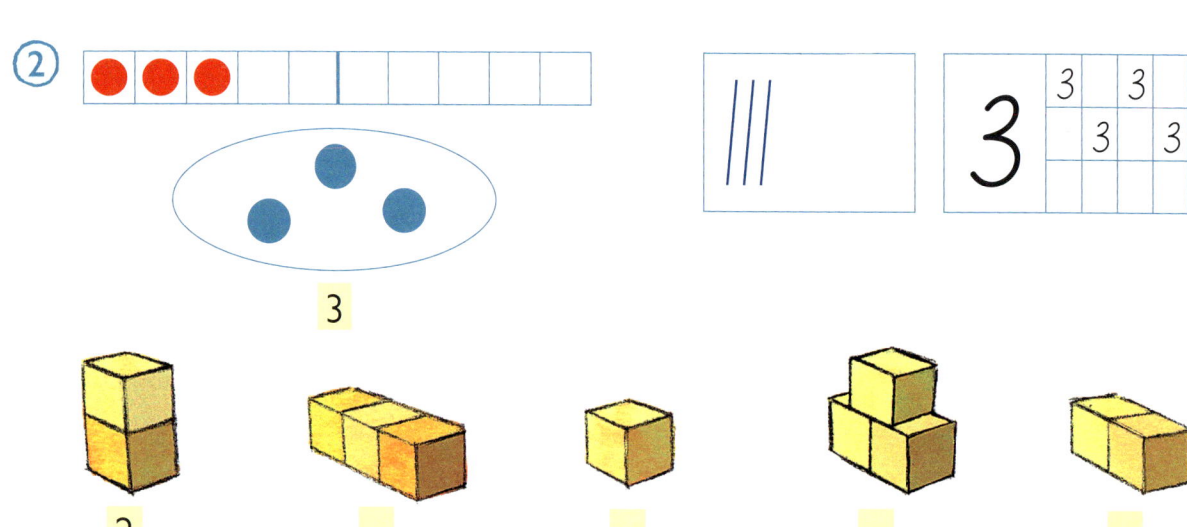

3

2

1: Mengen mit 3 Dingen erfassen, zählen, Anzahl angeben
2: Anzahl ermitteln, Strichliste, Zahlen zuordnen, Ziffernschreibweise

AH ➤ 5   TÜ ➤ 5

①

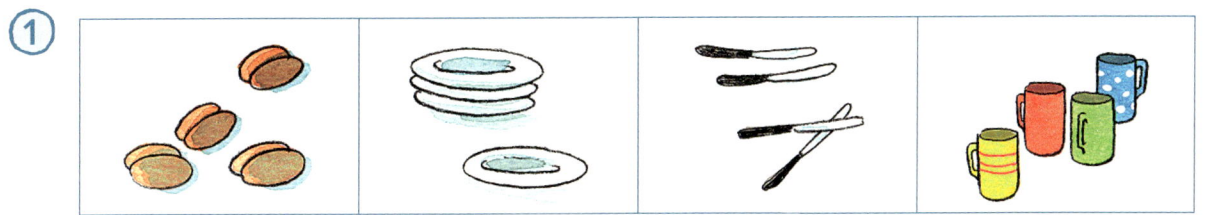

②

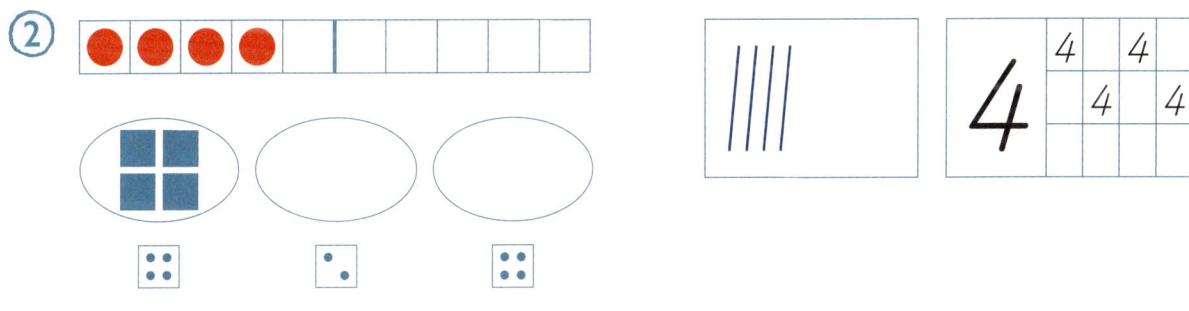

3

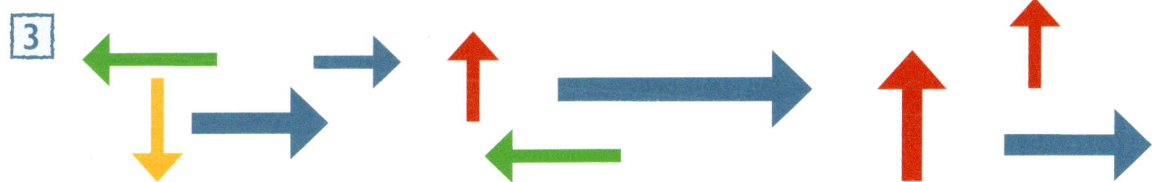

1: Mengen mit 4 Dingen erfassen, zählen, Anzahl angeben   2: Zuordnung: Punktbild – Menge, Anzahl bestimmen,
Strichliste, Ziffernschreibweise   3: Zählen nach Vorgabe (Pfeile nach oben/unten/links/rechts)
AH ●5   TÜ ●5

 **Die Zahl 5**

①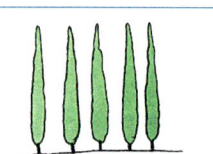

②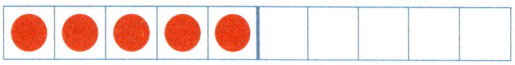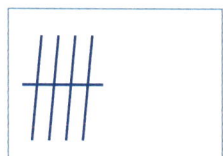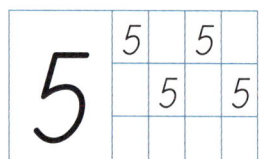

③ 5 5 5 5

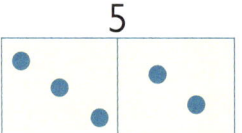 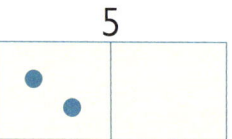 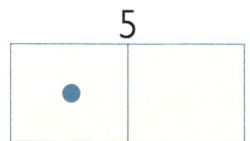 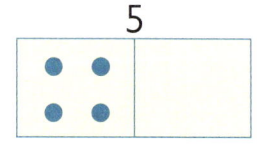

1: Mengen mit 5 Dingen erfassen, Anzahl angeben   2: Anzahl erfassen, Zahl zuordnen, Strichliste und Ziffernschreibweise
3: Ergänzen zu 5 Punkten
AH ▸6   TÜ ▸6

Die Zahl 6

①

②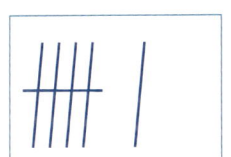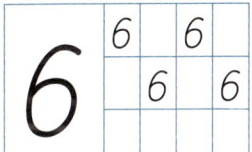

3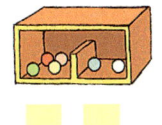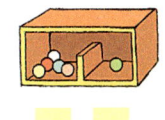

1: Mengen mit 6 Dingen erfassen, zählen, Anzahl angeben
2: Anzahl ermitteln, Strichliste, Zahl zuordnen, Ziffernschreibweise   3: Anzahl bestimmen, Zahl der Menge zuordnen
AH ▶6 TÜ ▶6

Vergleichen der Zahlen von 1 bis 6

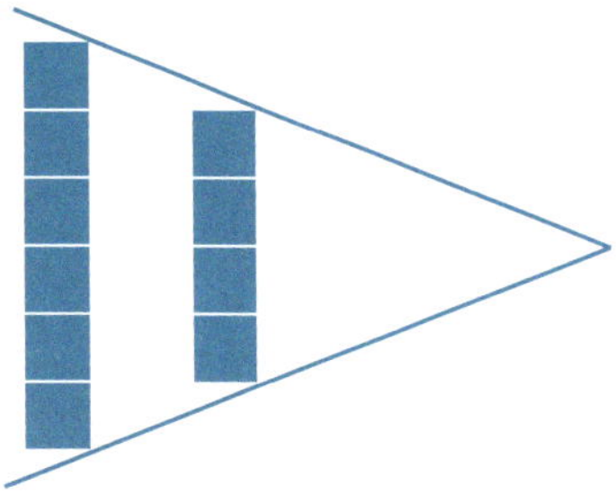

6   **>**   4

6 ist größer als 4

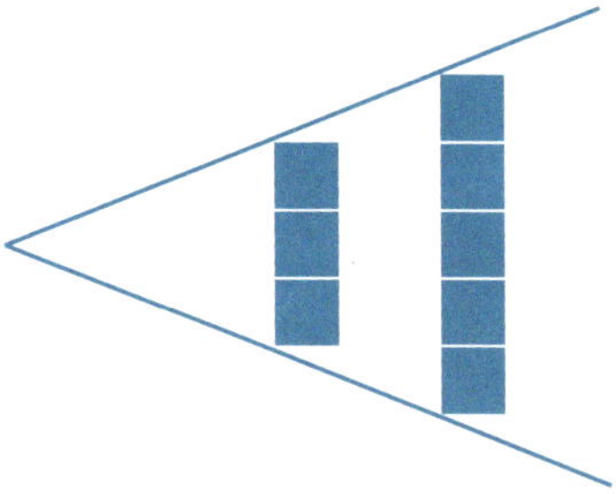

3   **<**   5

3 ist kleiner als 5

①

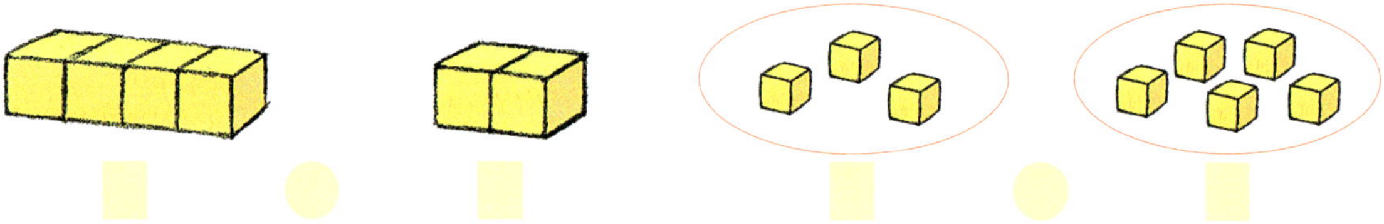

②

③

1 bis 3: Zahlen den Mengen zuordnen, Zahlen vergleichen, Relationszeichen setzen

AH ▸7 TÜ ▸7

  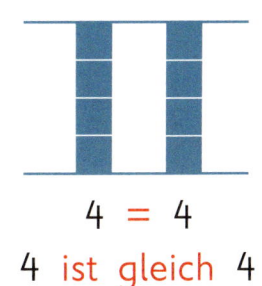

4 = 4

4 ist gleich 4

①

②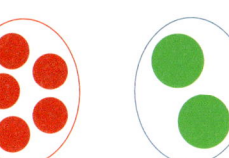

③
| 5 ◯ 4 | 6 ◯ 6 | 4 ◯ 2 | 1 ◯ 5 | 3 ◯ 4 |
| 2 ◯ 2 | 4 ◯ 3 | 1 ◯ 3 | 1 ◯ 6 | 5 ◯ 5 |

④

2 >	1 <	6 >	5 >
3 >	2 <	2 <	4 <
4 >	3 <	3 >	3 =

⑤

1 und 2: Zahlen zuordnen und Relationszeichen setzen   3: Relationszeichen setzen   4: Geeignete Zahlen für den Platzhalter finden
5: Anzahl der Würfel bestimmen, Zahlen zuordnen, Relationszeichen setzen
AH❯7 TÜ❯7

17

①

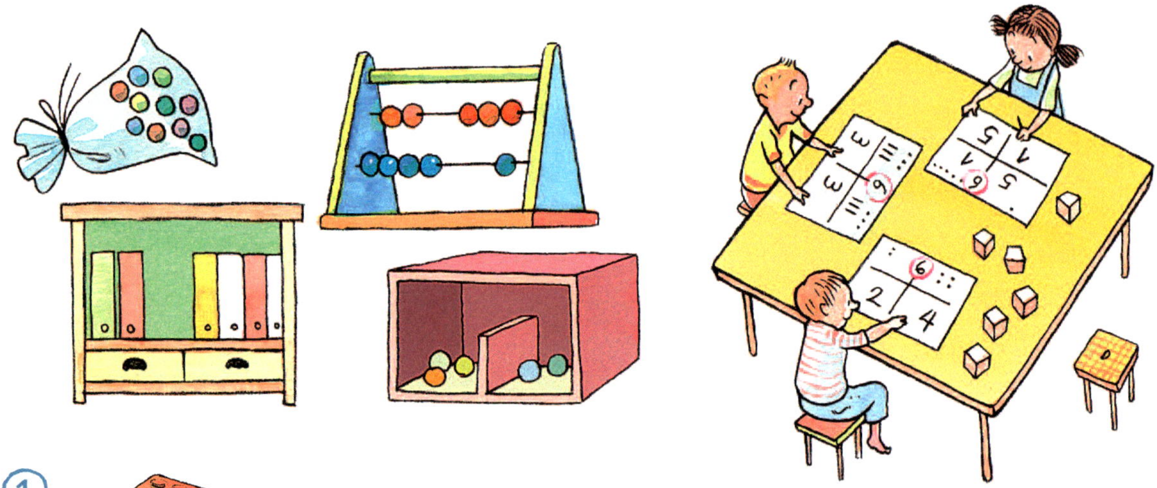

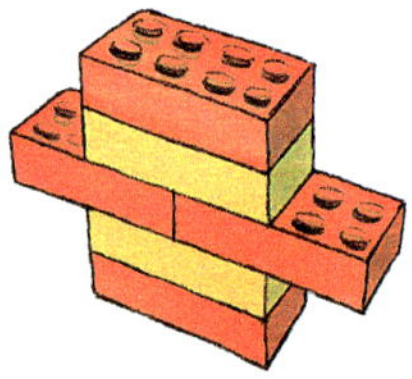

🟧	🟨
4	2

🟩	🟨

🟦	🟨

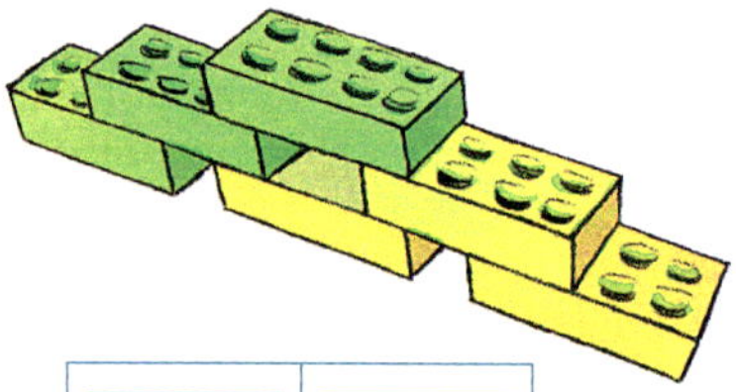

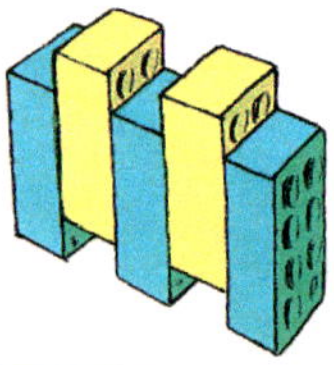

② 4

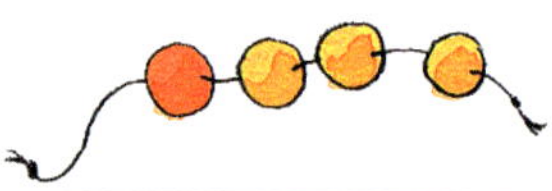

🟠	🟡
1	

🟢	🟡

🟡	🟢

🟠	🟡

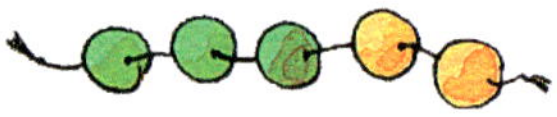

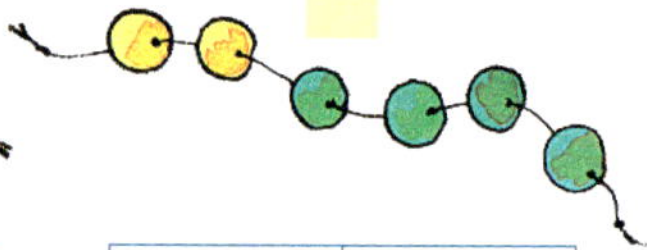

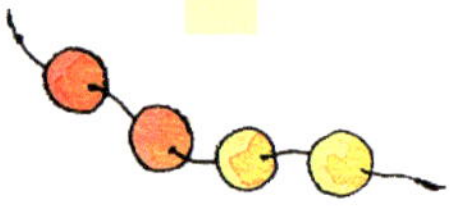

③ 4

🔴🔴⚪⚪   🔴🔴🔴🔴⚪   🔴🔴🔴⚪⚪⚪

? ? ?

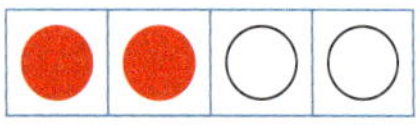

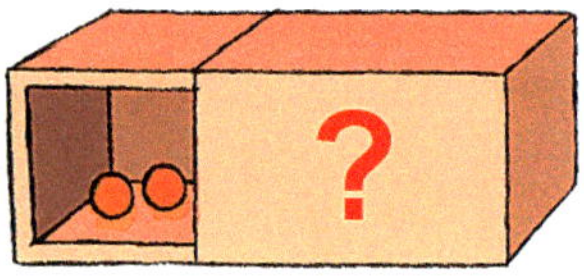

2

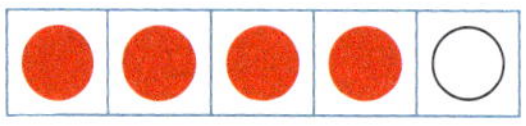

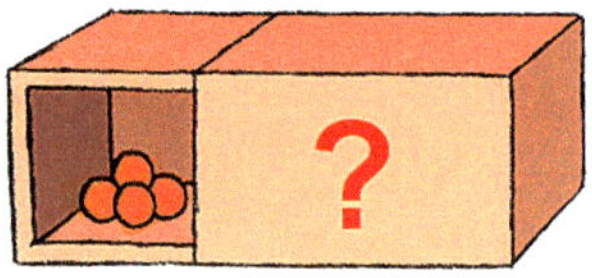

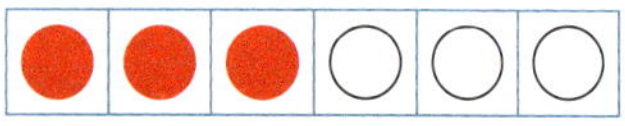

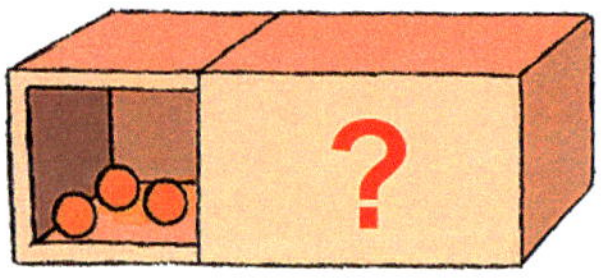

Darstellungen im Bild besprechen   1 bis 3: Anzahl erfassen, Zerlegung erkennen, Zahlen zuordnen

AH ▶ 8   TÜ ▶ 8

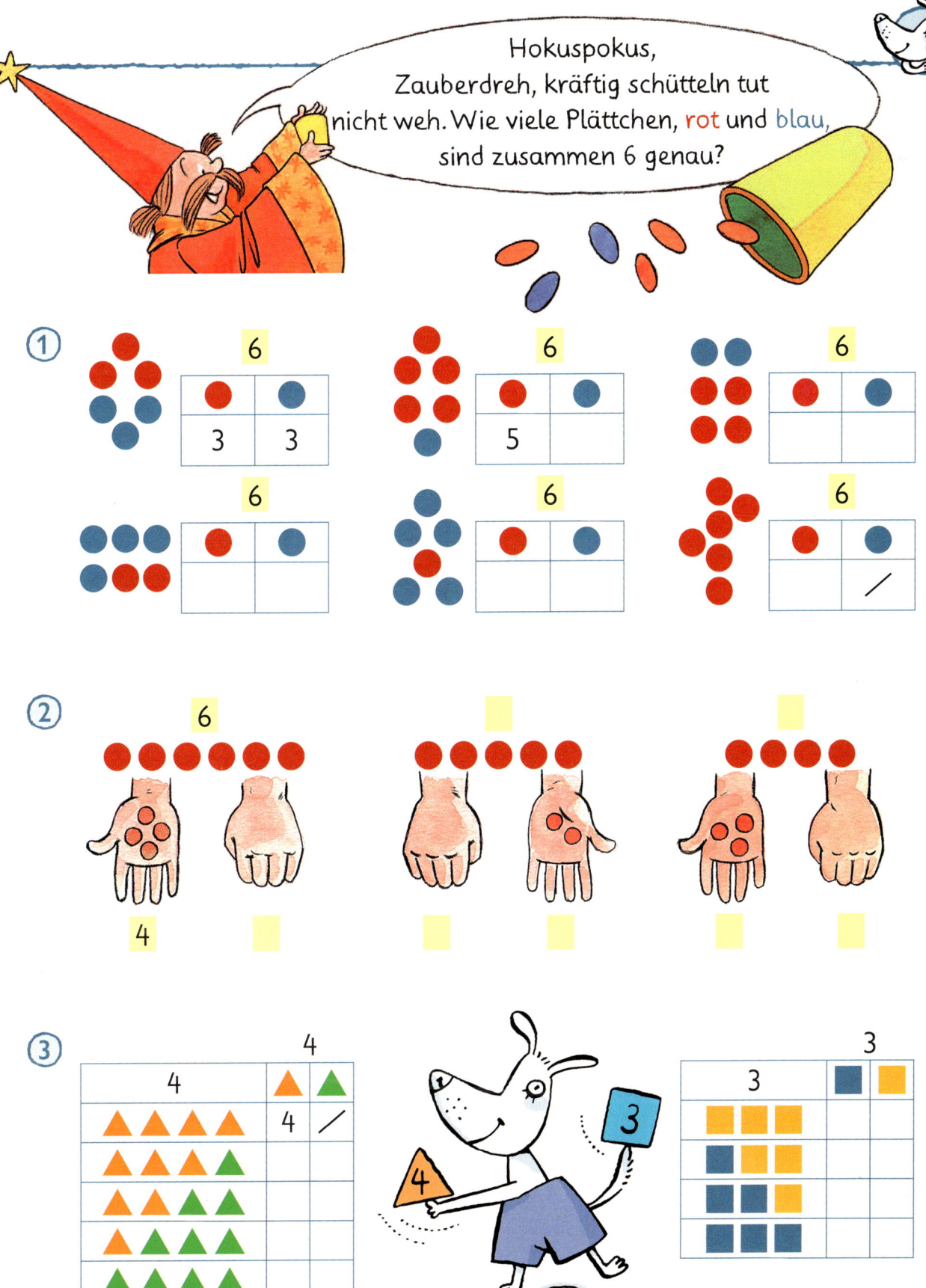

Hokuspokus, Zauberdreh, kräftig schütteln tut nicht weh. Wie viele Plättchen, rot und blau, sind zusammen 6 genau?

①

6	
🔴	🔵
3	3

6	
🔴	🔵
5	

6	
🔴	🔵

6	
🔴	🔵

6	
🔴	🔵

6	
🔴	🔵
	/

② 6

4

③

4		4	
4		🔺	🔺
		4	/

3			3	

1: Zahlen zerlegen, Zerlegung mit Plättchen nachlegen   2: Verdeckte Anzahl ermitteln, Zahl zuordnen   3: Struktur des Zerlegens erfassen
AH ▶ 8   TÜ ▶ 8

$$3 + 2 = 5$$

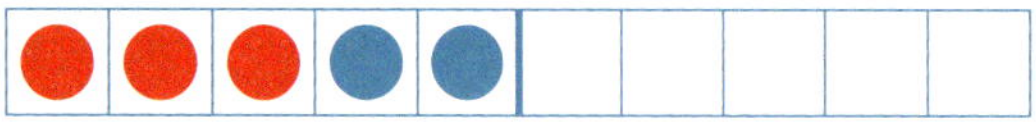

+ plus

①   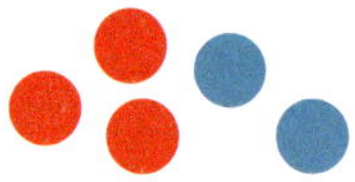 3 + 2 = ☐

plus · ist gleich

② 4 + 1 = ☐

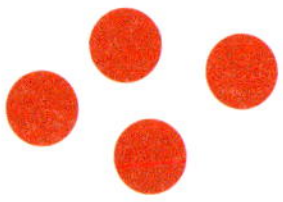

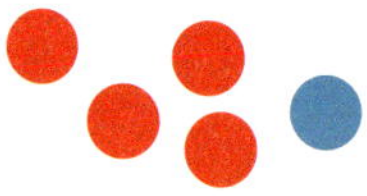

③ ☐ + ☐ = ☐

1 und 2: Additionsaufgaben im Bild finden und lösen
3: Eine weitere Aufgabe im Bild finden, malen, aufschreiben und lösen
AH ▶ 9   TÜ ▶ 9–10

①

$$4 + \boxed{} = \boxed{}$$

②

$$\boxed{} + 1 = \boxed{}$$

③

$$\boxed{} + \boxed{} = \boxed{}$$

④

$$\boxed{} + \boxed{} = \boxed{}$$

5

$$\boxed{} + \boxed{} = \boxed{}$$

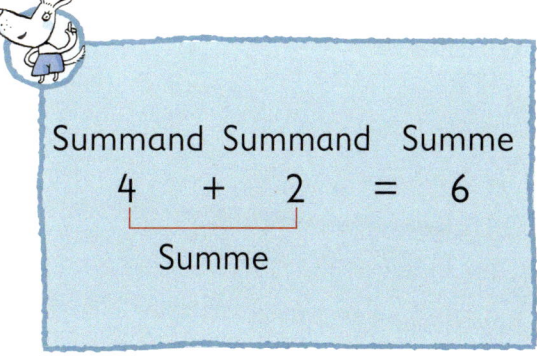

| Summand | Summand | Summe |
| 4 | + 2 | = 6 |

Summe

1 bis 4: Additionsaufgaben am Zehnerstreifen legen, aufschreiben und lösen
5: Aufgaben finden und lösen
AH ❿ 9   TÜ ❿ 9–10

21

① So rechnest du im Heft:

4 + 2 = 6

② Lege und rechne.

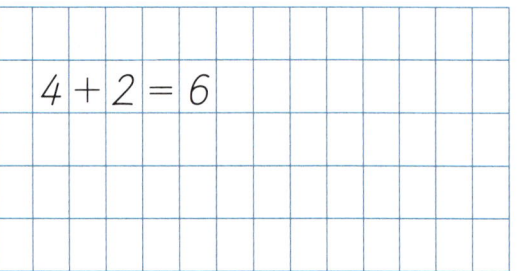

2 + 1 =	2 + 3 =	4 + 2 =	1 + 2 =	6 3 5 6
1 + 3 =	1 + 1 =	3 + 1 =	3 + 3 =	2 5 6 4
2 + 2 =	1 + 4 =	3 + 2 =	5 + 1 =	5 4 3 6
4 + 1 =	2 + 4 =	1 + 5 =	3 + 2 =	5 5 6 4

③

5
3 + 2
2 + 3
4 + 1
1 + 4

3
☐ + ☐
☐ + ☐

6
☐ + ☐
☐ + ☐
☐ + ☐
☐ + ☐
☐ + ☐

4
☐ + ☐
☐ + ☐
☐ + ☐

④ Berechne die Summe aus den Zahlen 2 und 4.

⑤
+	2	3	1
1	3		
2			

⑥
+	4		2
	5		
2		3	

1: Aufgabe am Zehnerstreifen darstellen   2: Aufgaben mit Plättchen legen und Summe bestimmen
3: Rechenhäuser mit den zugehörigen Additionsaufgaben füllen   4: Additionsaufgabe finden und lösen   5 und 6: Tabellen vervollständigen

AH ▶ 10   TÜ ▶ 10–11

① Lege und rechne.

2 + 3 = ☐   3 + 2 = ☐

 Die **Summanden** kannst du vertauschen.
Die **Summe** bleibt gleich.
2 + 3 = 5   3 + 2 = 5

②

5 + 1 = ☐
1 + 5 = ☐

☐ + ☐ = ☐
☐ + ☐ = ☐

☐ + ☐ = ☐
☐ + ☐ = ☐

③

3 + 1 = ☐
1 + 3 = ☐

4 + 2 = ☐
2 + 4 = ☐

④

1 + 5 = ☐
☐ + ☐ = ☐

1 + 4 = ☐
☐ + ☐ = ☐

⑤

☐ + ☐ = 5
☐ + ☐ = 5

☐ + ☐ = 3
☐ + ☐ = 3

1: Tauschaufgaben kennen lernen   2: Tauschaufgaben mit Plättchen nachlegen und lösen
3 bis 5: Tauschaufgaben lösen
AH ▶ 10   TÜ ▶ 10

23

$$6 - 2 = 4$$

①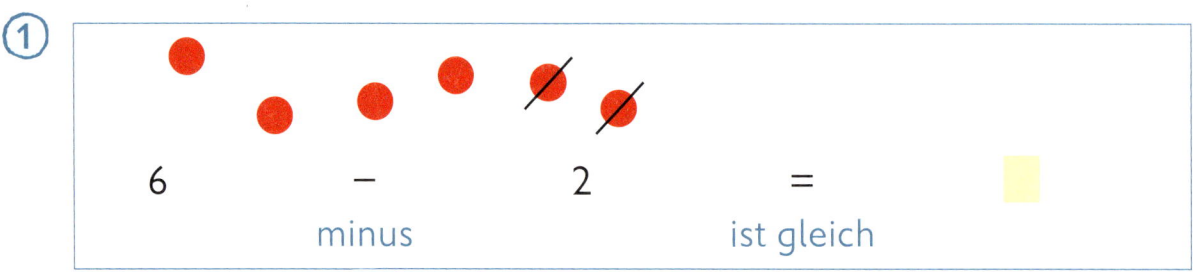

6   –   2   =

minus   ist gleich

②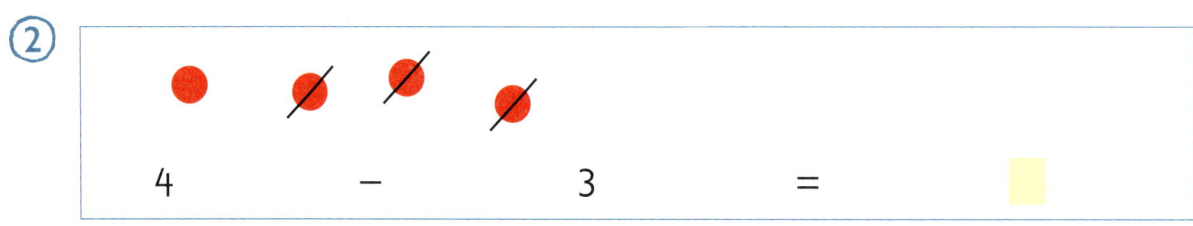

4   –   3   =

③

    –   =

1 und 2: Subtraktionsaufgaben im Bild finden und lösen
3: Eine weitere Aufgabe finden, malen und lösen

AH ▶ 11   TÜ ▶ 12

1

⭕⭕⭕⊘⊘◻◻◻◻◻

$$5 - \boxed{} = \boxed{}$$

2

⭕⭕⭕⊘⊘⊘◻◻◻◻

$$\boxed{} - 4 = \boxed{}$$

3

⭕⭕⭕⭕⭕◻◻◻◻◻

$$\boxed{} - \boxed{} = \boxed{}$$

4

⭕⭕⭕⭕⭕⭕◻◻◻◻

$$\boxed{} - \boxed{} = \boxed{}$$

5

◻◻◻◻◻◻◻◻◻◻

$$\boxed{} - \boxed{} = \boxed{}$$

6

◻◻◻◻◻◻◻◻◻◻

$$\boxed{} - \boxed{} = \boxed{}$$

1 bis 4: Subtraktionsaufgaben legen, aufschreiben und lösen
5 und 6: Aufgaben finden und legen
AH ▶ 11   TÜ ▶ 12

25

① Rechne und male aus.

Lege und rechne.

②
$5 - 1 =$
$3 - 2 =$
$4 - 3 =$
$6 - 1 =$

③
$4 - 2 =$
$6 - 3 =$
$5 - 1 =$
$6 - 4 =$

④
$6 - = 1$
$4 - = 3$
$3 - = 1$
$5 - = 2$

◯ 2 5 4 1
⬚ 2 4 1 3
☐ 1 3 2 5

⑤

−	4	3	2
6			
5			

⑥

−			2
5	4		
4		1	

⑦

_____

⑧

_____

26

1: Umschläge wie die zugehörigen Briefkästen ausmalen   2 bis 4: Subtraktionsaufgaben lösen   5 und 6: Mit Rechentabellen arbeiten
7 und 8: Rechengeschichten kennen lernen, Aufgaben finden, aufschreiben und lösen
AH ▶ 11   TÜ ▶ 12

①

$$3 + 2 = \boxed{} \qquad\qquad 5 - 4 = \boxed{}$$

②

$2 + 4 =$	$4 - 1 =$	$2 + 1 =$	$3 - 2 =$	4	2	6	6
$4 + 1 =$	$6 - 5 =$	$5 - 2 =$	$1 + 4 =$	3	2	1	4
$1 + 5 =$	$5 - 3 =$	$3 - 1 =$	$6 - 2 =$	4	5	3	1
$1 + 3 =$	$6 - 2 =$	$5 + 1 =$	$2 + 2 =$	5	3	4	6

③

$$3 + \boxed{} = 6$$
$$4 + \boxed{} = 5$$
$$2 + \boxed{} = 6$$
$$3 + \boxed{} = 4 \qquad 2 + \boxed{} = 3$$

4

$$\boxed{} + 3 = 5$$
$$\boxed{} + 1 = 4$$
$$\boxed{} + 2 = 4$$
$$\boxed{} + 2 = 5 \qquad \boxed{} + 1 = 2$$

⑤

$$4 - \boxed{} = 3$$
$$6 - \boxed{} = 1$$
$$5 - \boxed{} = 3$$
$$2 - \boxed{} = 1 \qquad 5 - \boxed{} = 1$$

6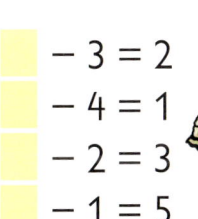

$$\boxed{} - 3 = 2$$
$$\boxed{} - 4 = 1$$
$$\boxed{} - 2 = 3$$
$$\boxed{} - 1 = 5 \qquad \boxed{} - 3 = 3$$

⑦ Die Summanden heißen 3 und 2. Berechne die Summe.

1 und 2: Additions- und Subtraktionsaufgaben lösen   3 und 4: Platzhalteraufgaben mit Plus kennen lernen und lösen
5 und 6: Platzhalteraufgaben mit Minus kennen lernen und lösen   7: Begriffe „Summand" und „Summe" verstehen, Aufgabe bilden und lösen
AH ▶ 12   TÜ ▶ 13–14

27

①

```
    6
  4   2
```

```
  3   1
```

```
    ☐
  3   2
```

②

```
    ☐
  1   4
```
```
    ☐
  2   2
```
```
    ☐
  5   1
```
```
    ☐
  1   3
```

3

```
    5
    ☐   3
```
```
    3
    ☐   1
```
```
    6
    ☐   ☐
```
```
    4
    ☐   ☐
```

④

3 + 3 = ☐	4 − 2 = ☐	6 − 5 = ☐	4 + 1 = ☐
2 + 1 = ☐	6 − 4 = ☐	4 + 2 = ☐	3 − 2 = ☐
1 + 5 = ☐	5 − 4 = ☐	3 − 1 = ☐	1 + 2 = ☐
3 + 2 = ☐	6 − 2 = ☐	2 + 3 = ☐	5 − 1 = ☐

```
4 1 2 6
3 1 5 2
1 6 5 4
2 6 5 3
```

5

+	4		2
1		4	
			4

−	1		2
5		2	
4			

```
3 1 2 6
3 3 4 5
3 2 3 5
```

⑥

 ☐ ● ☐ = ☐

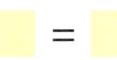 ☐ ● ☐ = ☐

1: Aufbau der Rechenmauern entdecken   2 und 3: Fehlende Zahlen eintragen   4: Additions- und Subtraktionsaufgaben lösen
5: Mit Rechentabellen arbeiten   6: Rechengeschichten erzählen, Aufgaben notieren und lösen
AH ▸ 12–13   TÜ ▸ 13–14

①

$6 - 2 = \square$　　$4 + 2 = \square$

Lege mit Plättchen.

② $6 - 1 = \square$　　$4 - 3 = \square$　　$6 - 5 = \square$
$5 + 1 = \square$　　$1 + 3 = \square$　　$1 + 5 = \square$

③ $4 - 2 = \square$　　$3 - 1 = \square$　　$5 - 2 = \square$
$\square + 2 = \square$　　$\square + 1 = \square$　　$\square + 2 = \square$

④ $\square - 1 = 4$　　$\square - 3 = 2$　　$\square - 2 = 1$
$\square + 1 = \square$　　$\square + 3 = \square$　　$\square + 2 = \square$

⑤ $3 + 1 = \square$　　$2 + 4 = \square$　　$1 + 5 = \square$
$\square - 1 = \square$　　$\square - 4 = \square$　　$\square - 5 = \square$

⑥ $3 + \square = \square$　　$\square - 2 = \square$　　$4 + \square = \square$
$\square - \square = \square$　　$\square + \square = \square$　　$\square - \square = \square$

⑦ 　　$- 3$
$5 \rightleftarrows 2$　　$6 \rightleftarrows 1$　　$4 \rightleftarrows 2$
　　$+ 3$

1: Erzählen zum Bild, Aufgabe und Umkehraufgabe erfassen und lösen   2 bis 5: Aufgabe und Umkehraufgabe bilden und lösen
6: Mögliche Aufgaben finden   7: Aufgaben mit Lösung aufschreiben
AH ▶13   TÜ ▶13–14

29

①

$3 - 1 = \boxed{}$ $3 - 2 = \boxed{}$ $3 - 3 = \boxed{}$

$4 - 1 = \boxed{}$ $4 - 2 = \boxed{}$ $4 - 3 = \boxed{}$ $4 - 4 = \boxed{}$

$5 - 1 = \boxed{}$ $5 - 2 = \boxed{}$ $5 - 3 = \boxed{}$ $5 - 4 = \boxed{}$ $5 - 5 = \boxed{}$

0 $0\;0\;0$ $0\;0\;0$

② $6 - 3 = \boxed{}$ ③ $6 + 0 = \boxed{}$ ④ $0 + 5 = \boxed{}$ ⑤ $6 > 0$
  $6 - 4 = \boxed{}$ $0 + 6 = \boxed{}$ $5 - 0 = \boxed{}$ $0 \bigcirc 6$
  $6 - 5 = \boxed{}$ $4 + 0 = \boxed{}$ $0 + 3 = \boxed{}$ $5 \bigcirc 0$
  $6 - 6 = \boxed{}$ $0 + 4 = \boxed{}$ $2 - 2 = \boxed{}$ $0 \bigcirc 1$

1. $2 + 3$ 2. $5 - 3$ 3. $3 + 3$ 4. $3 > 1$ 5. $3 \bigcirc 2$
   $3 + 2$ $1 + 4$ $5 - 1$ $3 \bigcirc 5$ $4 \bigcirc 4$
   $5 - 4$ $3 - 2$ $5 + 1$ $4 \bigcirc 3$ $2 \bigcirc 5$

1. Erarbeitung der Null über die Differenz gleicher Zahlen   2 bis 4: Additions- und Subtraktionsaufgaben lösen
5: Zahlen vergleichen, Relationszeichen setzen   W: 1 bis 3: Additions- und Subtraktionsaufgaben lösen   4 und 5: Relationszeichen setzen
AH ▶ 14   TÜ ▶ 15–16

①

②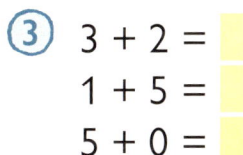

③
$3 + 2 =$
$1 + 5 =$
$5 + 0 =$
$0 + 6 =$
$4 + 0 =$

④
$6 - 0 =$
$5 - 5 =$
$3 + 0 =$
$1 - 0 =$
$1 - 1 =$

⑤
$4 - 4 =$
$4 - 0 =$
$6 + 0 =$
$2 - 2 =$
$2 + 0 =$

⑥
$2 \bigcirc 5$
$5 \bigcirc 2$
$6 \bigcirc 3$
$3 \bigcirc 6$
$4 \bigcirc 4$

⑦
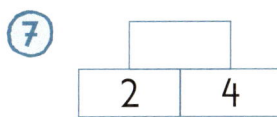

| 2 | 4 |

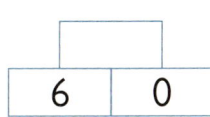

| 6 | 0 |

| 5 |
| 3 | |

| 4 |
| | 4 |

1 und 2: Erarbeitung der Null über die leere Menge   3 bis 5: Addieren und Subtrahieren unter Einbeziehung der Null
6: Relationszeichen setzen   7: Fehlende Zahlen ergänzen
AH ❍ 14   TÜ ❍ 15–16

31

 **Kann ich das schon?**

①

| 6 | ▢ | 5 |

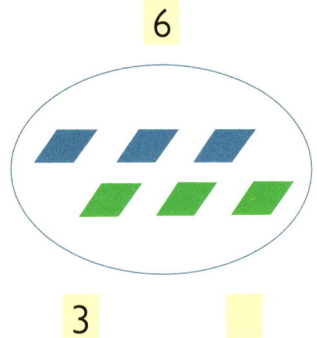 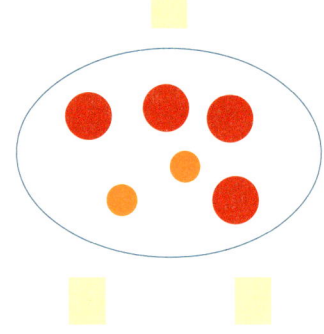 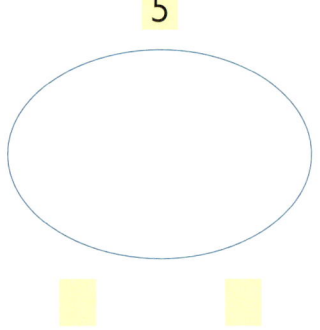

| 3 | ▢ | ▢ | ▢ | ▢ | ▢ |

② Baue Türme und vergleiche.

5 < 6   1 〇 3   3 〇 2   0 〇 6   4 〇 3   5 〇 2

③

▢		5		▢		6	
2	4	3		0	4	6	

④

2 + 1 = ▢	1 + 1 = ▢	2 − 1 = ▢	4 − 2 = ▢
1 + 3 = ▢	2 + 3 = ▢	3 − 2 = ▢	6 − 3 = ▢
2 + 2 = ▢	1 + 4 = ▢	4 − 3 = ▢	5 − 1 = ▢
4 + 1 = ▢	2 + 4 = ▢	6 − 1 = ▢	6 − 4 = ▢
3 + 3 = ▢	5 + 1 = ▢	5 − 2 = ▢	5 − 3 = ▢

5 4
4 3
6

6 5
5 2
6

3
1 1
1 5

3 2
4 2
2

⑤

4 − ▢ = 3	3 + ▢ = 6
6 − ▢ = 0	4 + ▢ = 5
5 − ▢ = 3	2 + ▢ = 6
2 − ▢ = 1	2 + ▢ = 3

3 4 2 1
1 1 6 1

⑥

5 1
2 0

5		
	+	5
4	+	
	+	3
0	+	

①

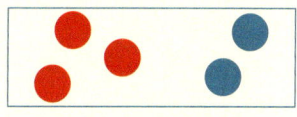

3 + ☐ = ☐

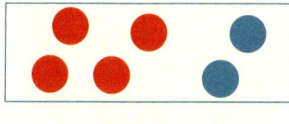

4 + ☐ = ☐

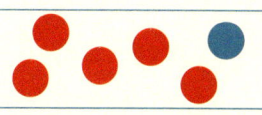

☐ + ☐ = ☐

6 − 1 = ☐

6 − 4 = ☐

4 − 1 = ☐

②

3 + 2 = ☐
2 + 3 = ☐

1 + ☐ = ☐
5 + ☐ = ☐

③

3 + 1 = ☐
☐ − 1 = ☐

4 + 2 = ☐
☐ − ☐ = ☐

④

+	2	1	3
3			
2			

−	2	4	1
6			
5			

+		2	
2	5		
3			4

⑤

☐ 5

☐ 2

☐

☐ ☐

☐

☐ ☐

⑥

☐ + ☐ = ☐

☐ + ☐ = ☐

☐ + ☐ = ☐

①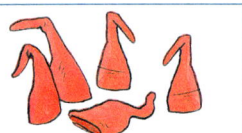

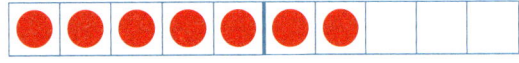  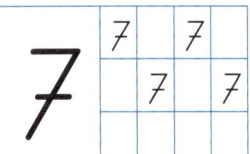

②
   7 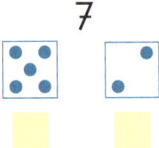   7 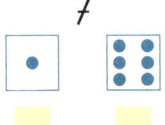   7 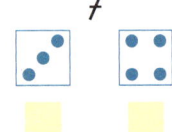   7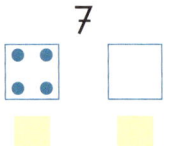

③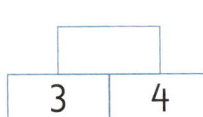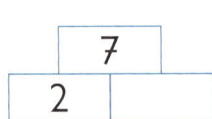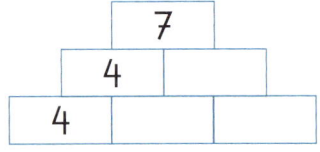

④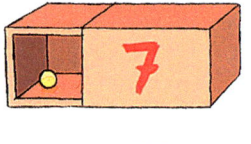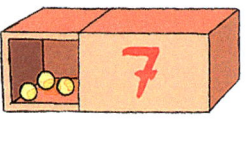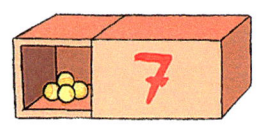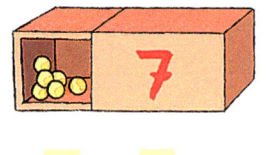

1: Die Zahl 7 kennen lernen   2: Zerlegen der Zahl 7
3: Zahlen zu Rechenmauern finden   4: Zahlen den Mengen zuordnen, verdeckte Anzahl ermitteln

AH ▶ 15   TÜ ▶ 17

8 🎲 🟩 so auch: 🎲 🟨 ✋ ✋

①

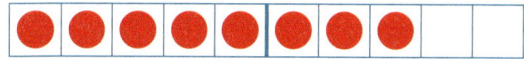

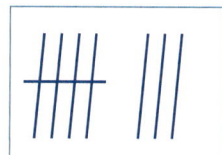

② Wo hat sich die 8 versteckt?

3

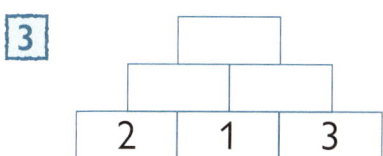
| 2 | 1 | 3 |

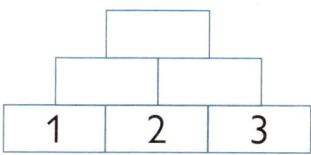
| 1 | 2 | 3 |

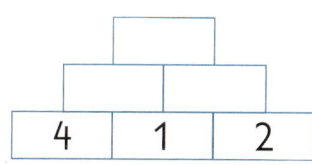
| 4 | 1 | 2 |

1: Die Zahl 8 kennen lernen   2: Zahl wiedererkennen, Nachspuren
3: Zahlen zu Rechenmauern finden
AH ▶15 TÜ ▶17

35

 so auch:

①

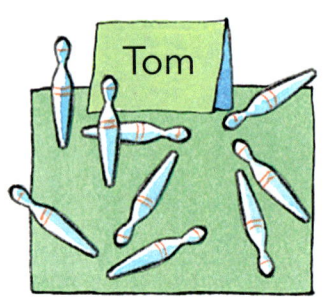 Tom  Ben 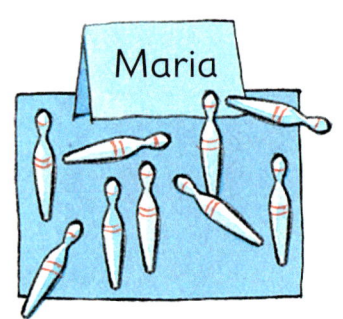 Maria

②

9　　　　9　　　　9

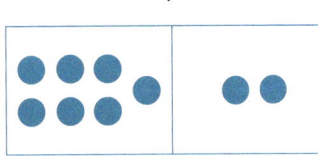 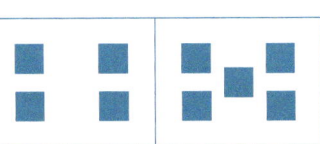 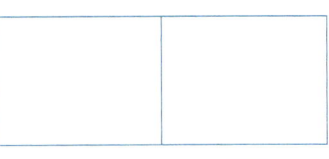

7　　2

2 + 4 =	4 − 1 =	2 + 0 =	3 − 2 =
4 + 0 =	6 − 5 =	5 − 2 =	0 + 4 =
0 + 5 =	5 − 3 =	3 − 1 =	6 − 2 =
5 + 1 =	6 − 0 =	1 + 5 =	2 + 2 =

1 und 2: Zerlegen der Zahl 9
W: Addieren und Subtrahieren bis 6
AH ▶16　TÜ ▶18

$$\text{10} \quad \cancel{||||} \; \cancel{||||}$$

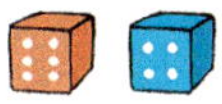

$$10$$

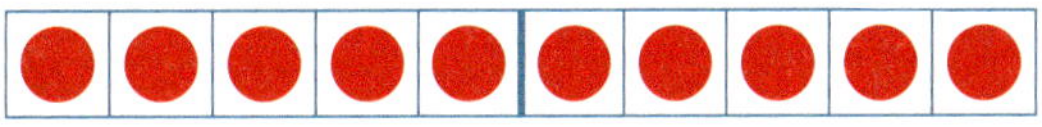

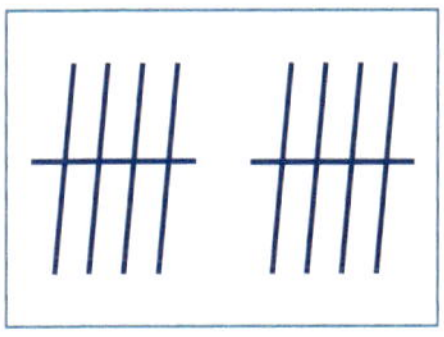

	10
	10

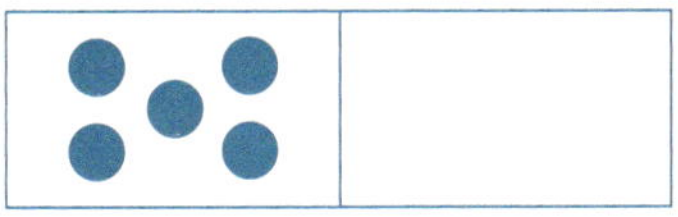

①

10		10		10	
•• • ••		■ ■			
5		4			

②

Kinder mit Schildern: 1 · 3 · 6

4		
4	+	
3	+	
2	+	
1	+	
0	+	

5		
	+	4
	+	3
	+	2
	+	1
	+	0

6		
	+	5
2	+	
	+	1
6	+	
	+	3

Vergleichen der Zahlen von 0 bis 10

<	=	>
ist kleiner als	ist gleich	ist größer als

①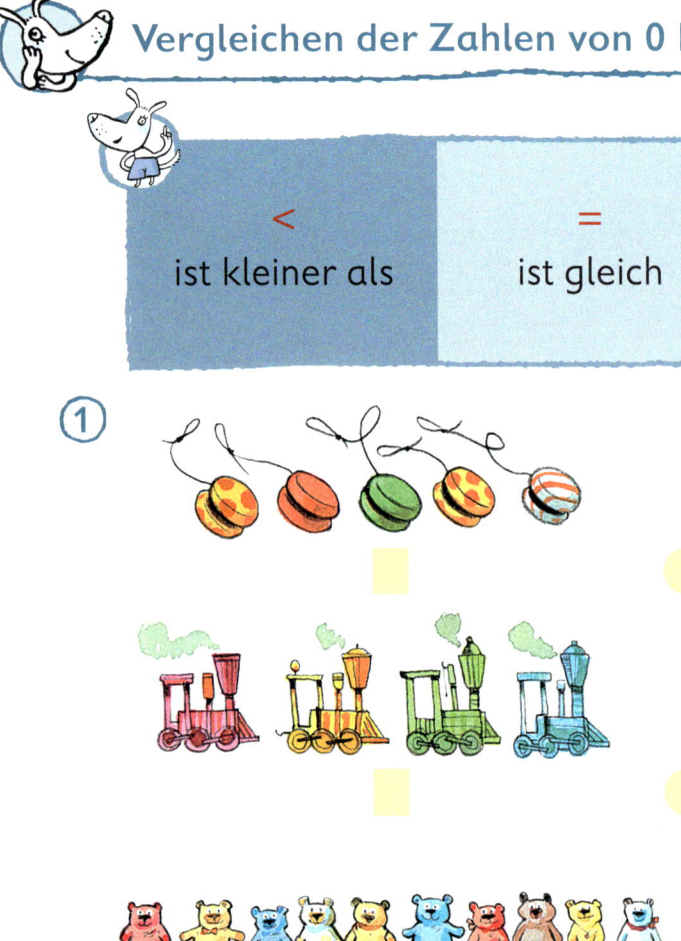

②

③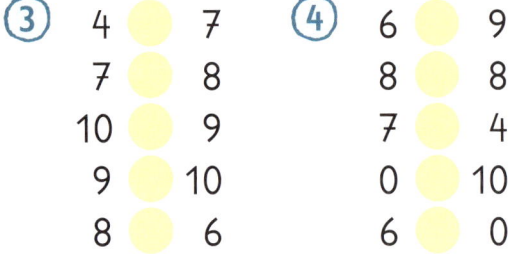

4 ⬤ 7	
7 ⬤ 8	
10 ⬤ 9	
9 ⬤ 10	
8 ⬤ 6	

④
6 ⬤ 9	
8 ⬤ 8	
7 ⬤ 4	
0 ⬤ 10	
6 ⬤ 0	

⑤
5 < 9
▯ < 9
▯ < 9
▯ < 9
▯ < 9

6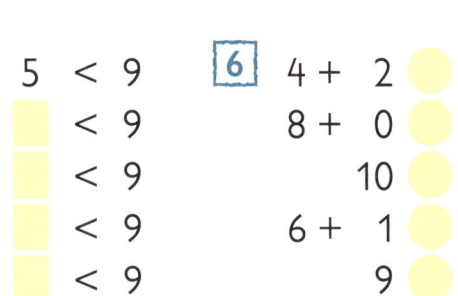
4 + 2 ⬤ 7	
8 + 0 ⬤ 0 + 8	
10 ⬤ 6 + 0	
6 + 1 ⬤ 7	
9 ⬤ 3 + 3	

1 und 2: Anzahlen bestimmen, Zahlen zuordnen, Vergleichen
3 und 4: Zahlen vergleichen   5: Weitere Zahlen finden   6: Summen ermitteln und vergleichen
AH ▶ 17   TÜ ▶ 19

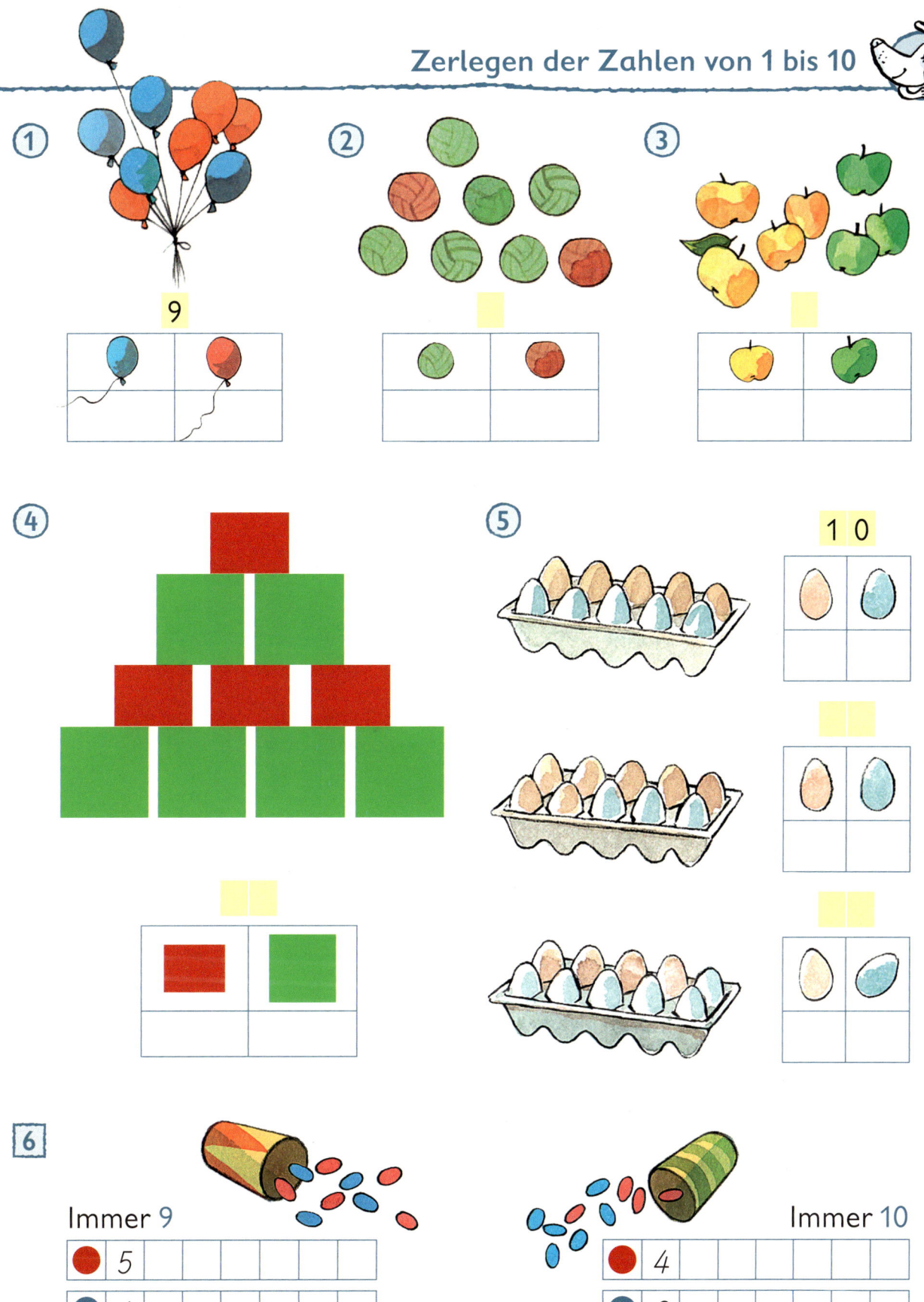

① 9

②

③

④

⑤ 1 0

6

Immer 9
🔴 5
🔵 4

Immer 10
🔴 4
🔵 6

1 bis 5: Mengenzerlegungen erfassen, Zahlen zuordnen, Zahlzerlegungen eintragen
6: Systematisches Zerlegen von 9 und 10 – alle Möglichkeiten mit Plättchen legen
AH ⊙ 18   TÜ ⊙ 19

39

Vorgänger und Nachfolger

①

3 ist der Vorgänger (V) von 4.

5 ist der Nachfolger (N) von 4.

| 1 | 1+1=2 | 2+1 | 3+1 | 4+1 | 5+1 | 6+1 | 7+1 | 8+1 | 9+1 |

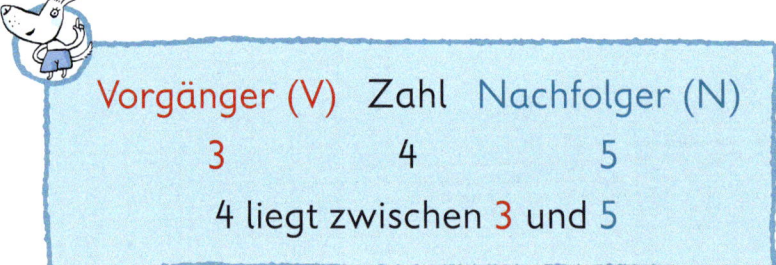

| Vorgänger (V) | Zahl | Nachfolger (N) |
| 3 | 4 | 5 |

4 liegt zwischen 3 und 5

② Nenne den Vorgänger.

   6 | 2 | 10 | 8 | 9 | 5 | 6

③ Nenne den Nachfolger.

7 | 9 | 5 | 6 | 3 | 1 | 8

④ Nenne den Vorgänger und den Nachfolger von:

5 | 9 | 6 | 2 | 7

⑤

1: Die Begriffe „Vorgänger" und „Nachfolger" kennen lernen, Nachfolger bestimmen
2 bis 5: Vorgänger und Nachfolger bestimmen
AH ▸19 TÜ ▸19

①

3 ... 6 ... 8 ... 10

②

Vor-gänger (V)	Zahl	Nach-folger (N)
	4	
	7	
	9	
	8	
	5	

③

V	Z	N
6		
8		
4		
7		
3		
5		

④

V	Z	N
		3
7		
		10
		6
4		
		8

⑤

7   5   8   3   8   4

⑥

5 6   8 9   7   10   3   5

1   4   6   9   2   5   8

1. Zähle weiter bis 10.
   3, 4, 5, …

2. Zähle rückwärts bis 1.
   7, 6, …

3. Zähle von 4 bis 8.

4. Setze das richtige Zeichen: **< = >**.

   5 ◯ 2   7 ◯ 9   10 ◯ 8   6 ◯ 8   4 ◯ 2   7 ◯ 7

   6 ◯ 5 + 1   4 ◯ 2 + 2   3 + 3 ◯ 5   1 + 1 ◯ 3

1: Fehlende Zahlen zuordnen   2 bis 4: Vorgänger und Nachfolger in Tabellen eintragen   5 und 6: Zahlenfolgen vervollständigen
W: 1 bis 3: Zählen   4: Relationszeichen setzen, Zahlen mit Summen vergleichen
AH ▶19 TÜ ▶19

41

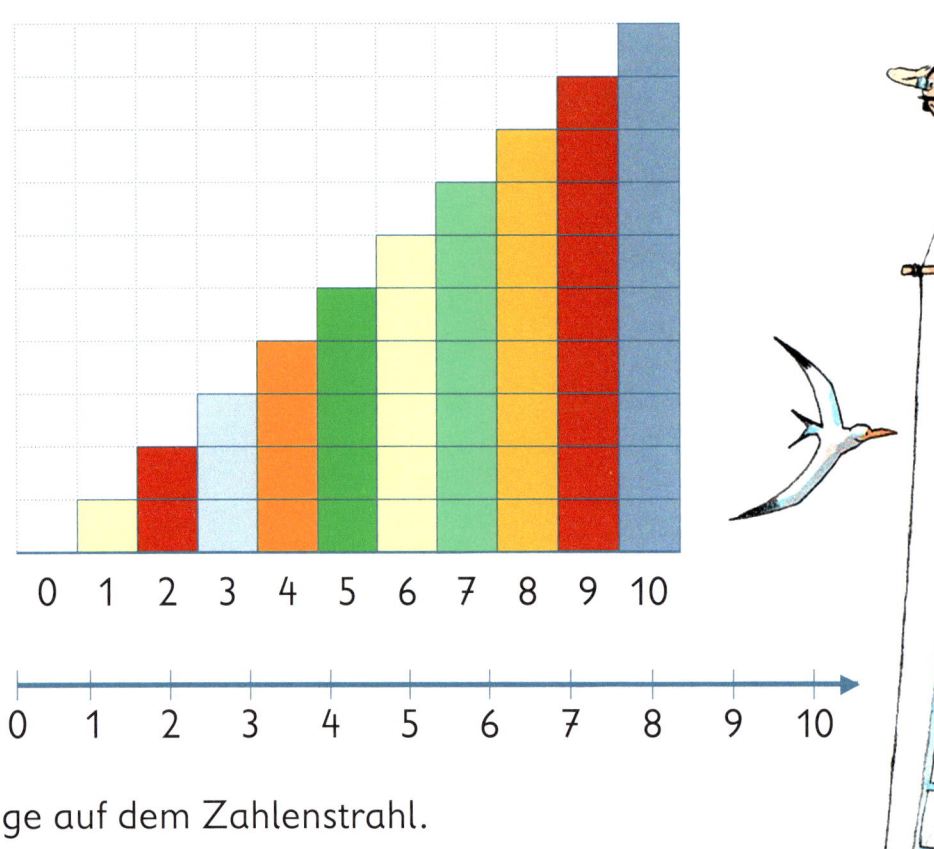

Zeige auf dem Zahlenstrahl.

(1) die Zahlen 3, 7, 2, 9, 0

(2) den Vorgänger von 8, 1, 3, 10, 6

(3) den Nachfolger von 9, 0, 5, 7, 1

(4) die Zahl zwischen 0 und 2

Finde die Zahlen und vergleiche sie.

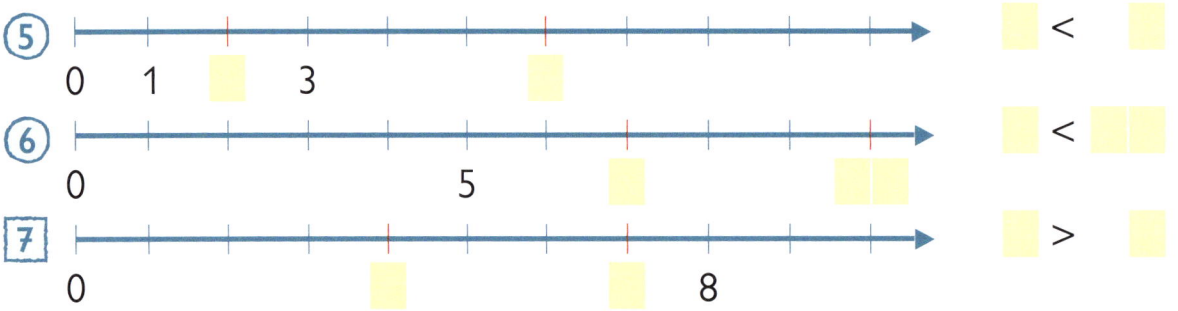

1 bis 4: Zahlen am Zahlenstrahl finden, Begriffe „Vorgänger" und „Nachfolger" richtig zuordnen
5 bis 7: Gekennzeichnete Stellen mit Zahl benennen, Zahlen vergleichen
AH ▶ 20   TÜ ▶ 19

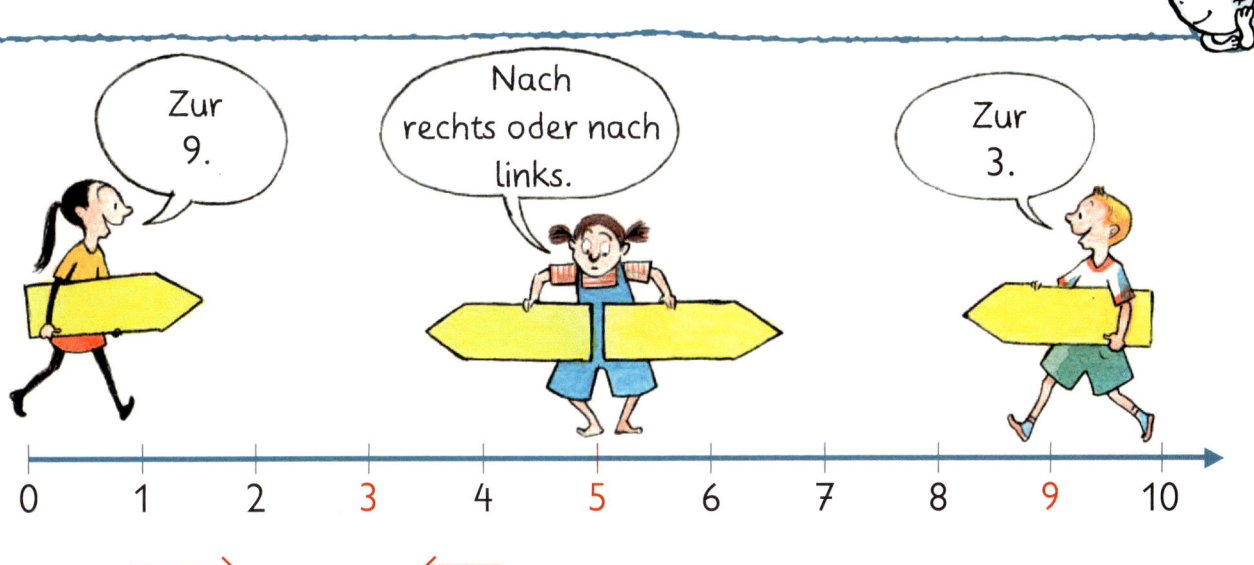

Nach →rechts oder nach ←links?

1. Von der 6 zur 8   2 _____ nach ⟶ _____

2. Von der 1 zur 9   __ _____ nach _____

3. Von der 10 zur 5   __ _____ nach _____

4. Von der 7 zur 4   __ _____ nach _____

5. Von der 3 zur 0   __ _____ nach _____

Zeichne einen Zahlenstrahl. Trage die Zahl 7 rot an.

6. Trage alle Zahlen, die größer als 7 sind, blau an.

7. Trage alle Zahlen, die kleiner als 7, aber größer als 3 sind, gelb an.

1 Einheit = 2 Kästchen

Welche Zahl steht da?

8. Rechts von der 6 steht die __ .

9. Links von der 5 steht die __ .

10. Rechts von der 0 steht die __ .

11. Zwischen der 7 und der 9 steht die __ .

1 bis 5: Anzahl der Schritte und Richtung angeben
6 und 7: Zahlenstrahl zeichnen, Zahlen antragen   8 bis 11: Zahlen angeben
AH ▶ 20   TÜ ▶ 19

43

Ordnungszahlen

①

| 1. | 2. | 3. | 4. | 5. | 6. | 7. | 8. | 9. | 10. |

②

| | | | | | 4. | 3. | | |

③

| | | 2. | | | 6. |

④

⑤

1 bis 5: Begriff „Ordnungszahl" kennen lernen, Reihenfolge bestimmen
AH ▶ 21   TÜ ▶ 20

①

3. ☐ ☐ ☐ ☐ 2. ☐ ☐ ☐ ☐

② ③

1: Ordnungszahlen zuordnen   2: Ordnungszahlen zuordnen und Begriffe „über", „unter", „zwischen", „neben", „rechts", „links" verwenden
3: Reihenfolge bestimmen
AH ▶ 21   TÜ ▶ 20

45

①

3 + 3 = ☐   ☐ + ☐ = 7

② Lege und rechne.

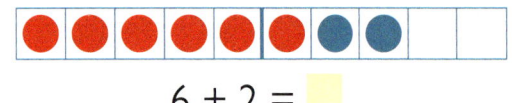   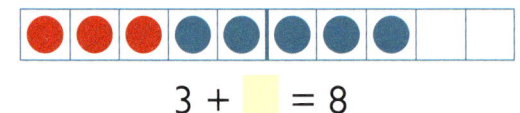

6 + 2 = ☐   3 + ☐ = 8

③ Male und rechne.

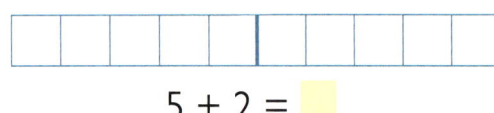   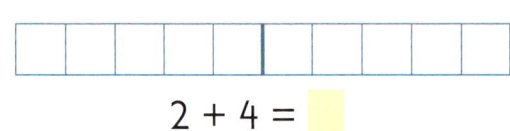

5 + 2 = ☐   2 + 4 = ☐

④ Rechne.

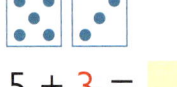

5 + 3 = ☐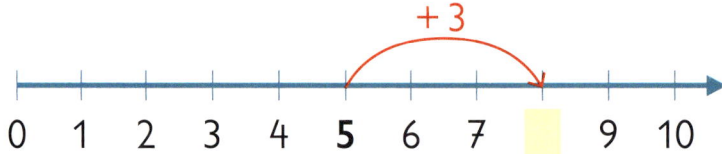

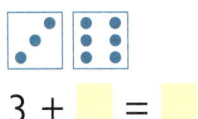

3 + ☐ = ☐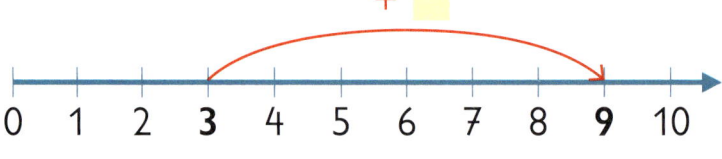

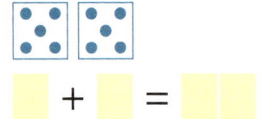

☐ + ☐ = ☐☐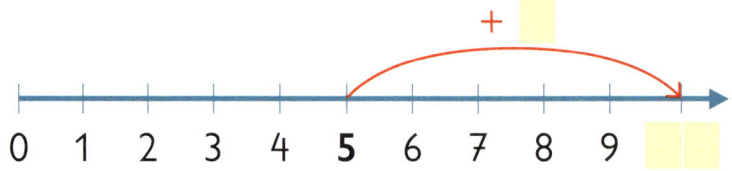

46

① Immer 10. Lege und rechne.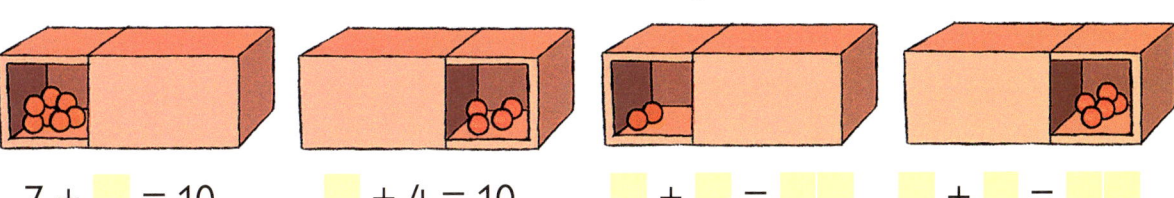

$7 + \boxed{} = 10$ $\boxed{} + 4 = 10$ $\boxed{} + \boxed{} = \boxed{}$ $\boxed{} + \boxed{} = \boxed{}$

②
$2 + 4 = \boxed{}$
$3 + 4 = \boxed{}$
$4 + 4 = \boxed{}$
$5 + 4 = \boxed{}$
$6 + 4 = \boxed{}$

③
$4 + 5 = \boxed{}$
$3 + 5 = \boxed{}$
$2 + 5 = \boxed{}$
$1 + 5 = \boxed{}$
$0 + 5 = \boxed{}$

④
$3 + 3 = \boxed{}$
$3 + 4 = \boxed{}$
$3 + 5 = \boxed{}$
$3 + \boxed{} = \boxed{}$
$\boxed{} + \boxed{} = \boxed{}$

⑤
$7 + 0 = \boxed{}$
$6 + 1 = \boxed{}$
$5 + 2 = \boxed{}$
$4 + \boxed{} = \boxed{}$
$\boxed{} + \boxed{} = \boxed{}$

⑥
$3 + 4 = \boxed{}$
$2 + 6 = \boxed{}$
$8 + 2 = \boxed{}$
$1 + 4 = \boxed{}$
$5 + 3 = \boxed{}$

⑦
$6 + 2 + 1 = \boxed{}$
$3 + 4 + 1 = \boxed{}$
$2 + 2 + 2 = \boxed{}$
$4 + 3 + 3 = \boxed{}$
$1 + 3 + 6 = \boxed{}$

⑧
$4 + 1 + \boxed{} = 10$
$\boxed{} + 2 + 2 = 8$
$5 + 3 + \boxed{} = 10$
$3 + 3 + \boxed{} = 9$
$6 + \boxed{} + 2 = 9$

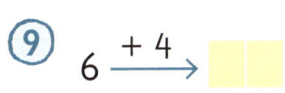

○ 7 10 5 8 8   □ 9 10 6 8 10   △ 4 1 3 5 2

⑨ $6 \xrightarrow{\;+\,4\;} \boxed{}$ $4 \xrightarrow{\;+\,3\;} \boxed{}$ $5 \xrightarrow{\;+\,\boxed{}\;} 10$ $\boxed{} \xrightarrow{\;+\,3\;} 6$

⑩ Die Summe ist 9. Ein Summand ist 6. Wie heißt der zweite
Summand?

$3 + 2 = \boxed{}$ $3 + 2 = \boxed{}$ $4 + \boxed{} = \boxed{}$ $6 + 1 = \boxed{}$
$2 + 3 = \boxed{}$ $2 + \boxed{} = \boxed{}$ $0 + \boxed{} = \boxed{}$ $\boxed{} + \boxed{} = \boxed{}$

1: Aufgaben zuordnen und lösen   2 bis 8: Summe und Summanden bestimmen   9: Rechenbefehl ausführen
10: Begriffe „Summe" und „Summand" verstehen, Aufgabe finden und lösen   W: Aufgabe und Tauschaufgabe erkennen und lösen
AH ▸ 22   TÜ ▸ 21–22

47

Tauschaufgaben

①

☐ + ☐ = ☐   ☐ + ☐ = ☐
☐ + ☐ = ☐   ☐ + ☐ = ☐

Denke daran:
Die **Summanden** kannst du vertauschen.

② Lege und rechne. Bilde die Tauschaufgabe.

2 + 5 = ☐   1 + 6 = ☐   3 + 5 = ☐   2 + 7 = ☐   3 + 6 = ☐

③ Rechne und bilde die Tauschaufgabe.

4 + 5 = ☐   2 + 6 = ☐   0 + 7 = ☐   1 + 8 = ☐   3 + 7 = ☐☐

Rechne. Kontrolliere selbst.

④ 6 + 4 = ☐☐
   4 + 6 = ☐☐

   3 + 5 = ☐☐
   5 + 3 = ☐☐

   1 + 8 = ☐☐
   8 + 1 = ☐☐

⑤ 2 + 6 = ☐
   ☐ + ☐ = ☐

   5 + 2 = ☐
   ☐ + ☐ = ☐

   6 + 0 = ☐
   ☐ + ☐ = ☐

○ 8 10
   8 9
  10 9
□ 8 7
   8 6
   7 6

⑥ ☐ + ☐ = 7
   ☐ + ☐ = ☐

   ☐ + ☐ = 9
   ☐ + ☐ = ☐

   ☐ + ☐ = 10
   ☐ + ☐ = ☐☐

1: Situationen beschreiben, Tauschaufgaben erkennen und lösen   2: Aufgaben legen, rechnen, Tauschaufgaben bilden   3: Tauschaufgabe finden und im Heft rechnen   4 und 5: Rechnen und selbst kontrollieren   6: Verschiedene Lösungen finden

AH ● 23   TÜ ● 22

① Welche Aufgaben haben das gleiche Ergebnis? Begründe.

| 3 + 1 | 1 + 7 | 4 + 3 | 1 + 9 | 3 + 4 | 6 + 3 |

| 3 + 6 | 4 + 5 | 1 + 3 | 7 + 1 | 9 + 1 | 5 + 4 |

② Berechne die Summen. Was stellst du fest?

| 3 + 7 | 4 + 5 | 1 + 6 | 2 + 8 | 3 + 4 | 7 + 0 |
| 7 + 3 | 5 + 4 | 6 + 1 | 8 + 2 | 4 + 3 | 0 + 7 |

③ Schreibe zu jeder Aufgabe die Tauschaufgabe auf.
Löse alle Aufgaben.

| 3 + 4 | 5 + 4 | 1 + 9 | 2 + 5 | 6 + 3 |
| 1 + 6 | 2 + 7 | 2 + 4 | 3 + 2 | 2 + 8 |

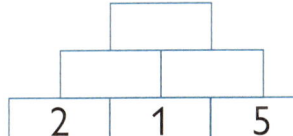

④
6 + ☐ = 9
3 + ☐ = 9
4 + ☐ = 7
2 + ☐ = 7
4 + ☐ = 8

⑤
☐ + 3 = 8
☐ + 6 = 8
☐ + 4 = 9
☐ + 5 = 9
☐ + 3 = 6

⑥
3 + ☐ = 7
☐ + 5 = 8
☐ + 6 = 9
4 + ☐ = 10
☐ + 1 = 6

○ 5 4 3 3 6
☐ 4 5 2 5 3
3 4 6 5 3

⑦

| | | |
| 2 | 1 | 5 |

⑧
| | 3 | |
| 1 | | 2 |

⑨
| | 9 | |
| 4 | | 3 |

 Wahr oder falsch?
6 ist der Vorgänger von 7.   7 ist der Nachfolger von 8.
0 ist der Vorgänger von 1.   6 liegt zwischen 5 und 7.

1: Aufgabepaare erkennen   2: Begriff „Summe" verstehen, Gleichheit der Ergebnisse erkennen   3: Tauschaufgaben finden, Aufgaben und
Tauschaufgaben lösen und selbstständig kontrollieren   4 bis 6: Addieren   7 bis 9: Rechenmauern lösen   W: Wahrheitsgehalt prüfen
AH ● 23   TÜ ● 22

49

①

Minuend		Subtrahend		Differenz
7	–	6	=	1

Differenz

②

$$8 - 1 = \boxed{}$$

$$7 - 6 = \boxed{}$$

③ Lege und rechne.

$$8 - 4 = \boxed{} \qquad\qquad 9 - 7 = \boxed{}$$

$$\boxed{} - \boxed{} = \boxed{} \qquad\qquad \boxed{} - \boxed{} = \boxed{}$$

④
$$10 - 2 = \boxed{}$$
$$6 - 3 = \boxed{}$$
$$4 - 4 = \boxed{}$$

⑤
$$8 - 4 = \boxed{}$$
$$7 - 5 = \boxed{}$$
$$9 - 6 = \boxed{}$$

⑥
$$9 - 5 = \boxed{}$$
$$6 - 5 = \boxed{}$$
$$10 - 8 = \boxed{}$$

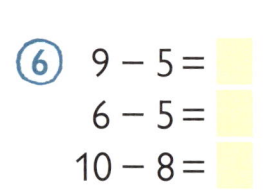

0	2	3
8	3	1
2	4	4

1: Subtraktionsaufgaben im Bild finden und lösen   2: Subtraktionsaufgaben lösen
3: Subtraktionsaufgaben finden, legen und lösen   4 bis 6: Subtraktionsaufgaben evtl. legen und lösen

AH ▶ 24   TÜ ▶ 23

①

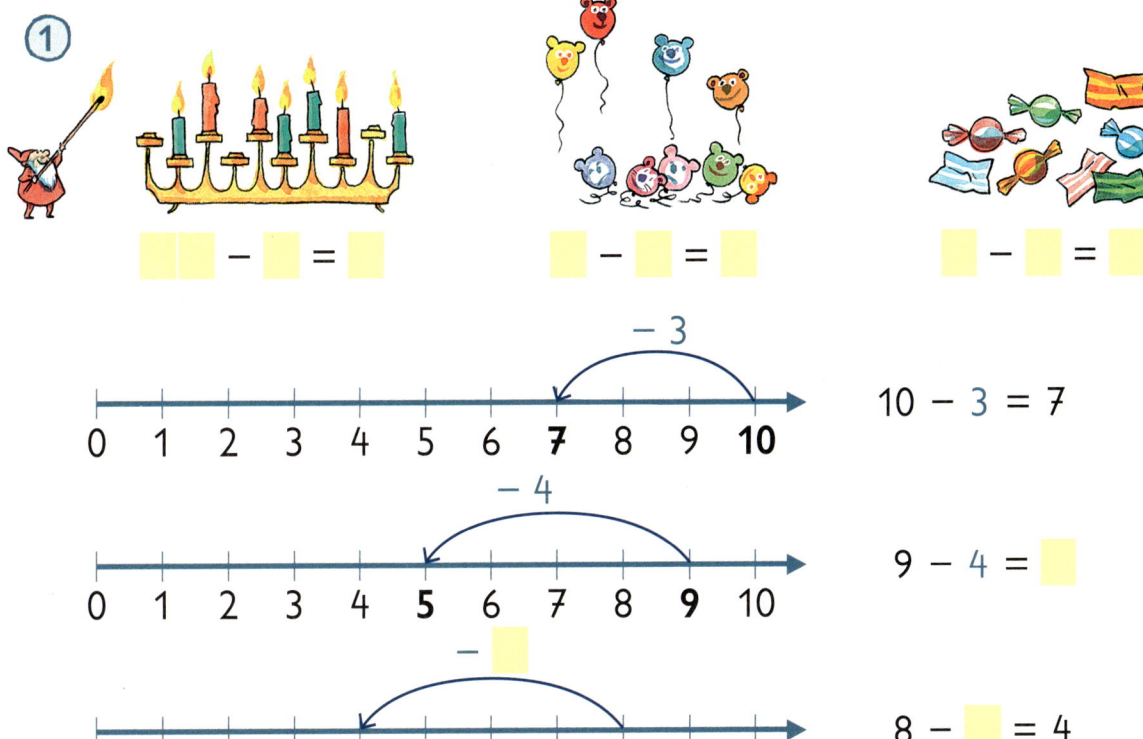

□□ − □ = □   □ − □ = □   □ − □ = □

10 − 3 = 7

9 − 4 = □

8 − □ = 4

Rechne und kontrolliere selbst.

②
7 − 6 = □
10 − 8 = □
9 − 4 = □
8 − 6 = □
5 − 4 = □

③
5 − □ = 1
9 − □ = 5
10 − □ = 4
3 − □ = 1
7 − □ = 2

④
□□ − 3 = 5
□□ − 4 = 1
□□ − 6 = 2
□□ − 8 = 1
□□ − 5 = 5

○ 5 1 2 1 2
□ 2 4 6 5 4
△ 8 10 5 9 8

⑤
6 $\xrightarrow{-4}$ □   9 $\xrightarrow{-4}$ □

5 $\xrightarrow{-3}$ □   10 $\xrightarrow{-4}$ □

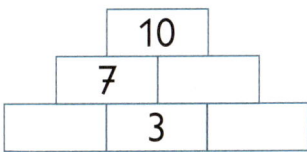
6
□ $\xrightarrow{-5}$ 3   7 $\xrightarrow{-\square}$ 5

□□ $\xrightarrow{-5}$ 5   9 $\xrightarrow{-\square}$ 7

⑦

10	
7	
	3	

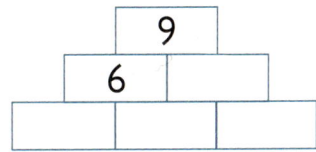
8

9	
6	

9

8	

1 bis 4: Subtraktionsaufgaben finden und lösen   5 und 6: Rechenbefehle ausführen
7 bis 9: Addition bzw. Subtraktion anwenden

51

Umkehraufgaben

①

$$10 - 2 = \boxed{}$$
$$8 + 2 = \boxed{}$$

② Lege und rechne die Aufgabe und die Umkehraufgabe.

$9 - 3 = \boxed{}$ $\quad$ $7 - 5 = \boxed{}$ $\quad$ $10 - 4 = \boxed{}$ $\quad$ $3 + 4 = \boxed{}$

$6 + 3 = \boxed{}$ $\quad$ $2 + 5 = \boxed{}$ $\quad$ $\boxed{} + 4 = \boxed{}$ $\quad$ $\boxed{} - 4 = \boxed{}$

$2 + 5 = \boxed{}$ $\quad$ $8 - 4 = \boxed{}$ $\quad$ $10 - 9 = \boxed{}$ $\quad$ $2 + 6 = \boxed{}$

$\boxed{} - 5 = \boxed{}$ $\quad$ $\boxed{} + \boxed{} = \boxed{}$ $\quad$ $\boxed{} + \boxed{} = \boxed{}$ $\quad$ $\boxed{} - \boxed{} = \boxed{}$

③

2	3	1

④

6	
3	1

⑤ Bilde selbst Rechenmauern.

2   7   1

6   1   9

⑥

+	2	3	4
6			
3			
5			

⑦

−	3	6	7
8			
9			
7			

⑧

+	5	1	6
	9		
3			
			3

○ 8 5 9 7 10 9 6 7 8 5 2 6 4 1 3 2 1 0
△ 4 7 5 8 2 10 4 9 8

Rechne die Aufgabe und die Umkehraufgabe.

⑨ $4 + 5 = \boxed{}$ $\quad$ $10 - 4 = \boxed{}$ $\qquad$ **⑩** $2 + 7 = \boxed{}$ $\quad$ $1 + 4 = \boxed{}$

$6 + 3 = \boxed{}$ $\quad$ $9 - 5 = \boxed{}$ $\qquad\qquad$ $10 - 8 = \boxed{}$ $\quad$ $9 - 8 = \boxed{}$

$1 + 7 = \boxed{}$ $\quad$ $8 - 5 = \boxed{}$ $\qquad\qquad$ $6 - 6 = \boxed{}$ $\quad$ $4 + 6 = \boxed{}$

$4 + 3 = \boxed{}$ $\quad$ $3 - 0 = \boxed{}$ $\qquad\qquad$ $5 + 4 = \boxed{}$ $\quad$ $10 - 0 = \boxed{}$

1 und 2: Aufgabe und Umkehraufgabe finden, aufschreiben und lösen   3 bis 5: Rechenmauern lösen
6 bis 8: Rechentabellen lösen   9 und 10: Aufgabe und Umkehraufgabe lösen

AH ▶ 25   TÜ ▶ 23

① Rechne und ordne zu.

| 7 – 4 | 1 + 3 | 8 – 5 | 1 + 6 | 8 – 4 | 8 – 2 |

| **3** | **6** | **4** | **7** |

| 0 + 7 | 2 + 4 | 10 – 3 | 10 – 6 | 1 + 2 | 9 – 6 |

②

8

$$2 + 6$$
$$7 + \square$$
$$8 + \square$$
$$5 + \square$$
$$4 + \square$$

6

$$6 + \square$$
$$\square + 1$$
$$\square + \square$$
$$\square + \square$$
$$\square + \square$$

③

6

$$10 - \square$$
$$7 - \square$$
$$9 - \square$$
$$8 - \square$$
$$6 - \square$$

2

$$9 - 7$$
$$\square - 6$$
$$\square - \square$$
$$\square - \square$$
$$\square - \square$$

④

$$4 \xrightarrow{\;+\,6\;} 10 \qquad 10 \xrightarrow{\;-\,4\;} 6$$

$$8 \xrightarrow{\;+\,\square\;} 10 \qquad 8 \xrightarrow{\;-\,\square\;} 4$$

$$3 \xrightarrow{\;+\,\square\;} 8 \qquad 3 \xrightarrow{\;-\,\square\;} 0$$

⑤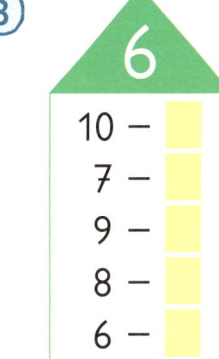

$$9 \xrightarrow{\;\bullet\,\blacksquare\;} 5 \qquad 7 \xrightarrow{\;\bullet\,\blacksquare\;} 1$$

$$4 \xrightarrow{\quad} 10 \qquad 4 \xrightarrow{\;\bullet\,\blacksquare\;} 9$$

$$1 \xrightarrow{\quad} 7 \qquad 7 \xrightarrow{\;\bullet\,\blacksquare\;} 2$$

⑥

$$3 + 2 + 4 = \square$$
$$1 + 3 + 4 = \square$$
$$2 + 1 + 5 = \square$$
$$6 + 2 + 2 = \square$$
$$4 + 3 + 3 = \square$$

⑦

$$3 + 2 + \square = 10$$
$$2 + 1 + \square = 9$$
$$3 + 3 + \square = 9$$
$$1 + 2 + \square = 5$$
$$3 + 2 + \square = 7$$

⑧

$$3 + \square + 4 = 10$$
$$2 + 3 + \square = 9$$
$$1 + \square + 4 = 7$$
$$2 + 2 + \square = 6$$
$$1 + \square + 3 = 10$$

○ 10 8 9 8 10   □ 3 6 2 5 2   △ 3 2 6 2 4

1: Aufgaben den Lösungskästen zuordnen   2 und 3: Rechenhäuser lösen
4 und 5: Rechenbefehle: Rechenzeichen und Lösungen finden   6 bis 8: Aufgaben mit drei Summanden lösen
AH ▶ 25   TÜ ▶ 24

53

Addieren und Subtrahieren – Aufgabenfamilien

①

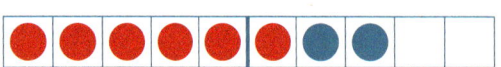

6 + 2 = ☐   8 − 2 = ☐   7 + 3 = ☐   10 − 3 = ☐

2 + 6 = ☐   8 − 6 = ☐   ☐ + ☐ = ☐   ☐ ☐ − ☐ =

②

2 + 3 = ☐

3 + 2 = ☐

5 − 3 = ☐

5 − 2 = ☐

③

☐ + ☐ = 9

☐ + ☐ =

9 − ☐ =

☐ − ☐ =

④

☐ + ☐ =

☐ + ☐ =

☐ − ☐ =

☐ − ☐ =

Bilde Aufgabenfamilien.

2 + 4 = 6   6 − 4 = 2

4 + 2 = 6   6 − 2 = 4

⑤

⑥

⑦

Immer 2 Aufgaben mit +
und 2 Aufgaben mit −
gehören zu einer Familie.

⑧

7 − 3 − 2 = ☐

9 − 6 − 2 = ☐

8 − 4 − 4 = ☐

6 − 3 − 1 = ☐

5 − 2 − 2 = ☐

⑨

10 − 4 − ☐ = 5

9 − 5 − ☐ = 1

8 − 1 − ☐ = 6

6 − 3 − ☐ = 1

7 − 3 − ☐ = 2

⑩

10 − ☐ − 3 = 4

6 − ☐ − 2 = 1

☐ − 2 − 3 = 4

8 − 4 − ☐ = 3

☐ − 2 − 3 = 2

○ 0 1 2 2 1   □ 2 3 2 1 1   △ 9 3 1 7 3

1: Aufgabenfamilien kennen lernen, Tausch- und Umkehraufgaben einbeziehen   2 bis 7: Aufgabenfamilien finden und lösen
8 bis 10: Gleichungen mit zwei Subtrahenden lösen

AH ▶ 26   TÜ ▶ 25

①

$$\blacksquare \bullet \blacksquare = \blacksquare$$

②

$$\blacksquare \bullet \blacksquare = \blacksquare$$

③

$$\blacksquare \bullet \blacksquare = \blacksquare$$

④

$$\blacksquare \bullet \blacksquare = \blacksquare$$

⑤

$$\blacksquare \bullet \blacksquare = \blacksquare\blacksquare$$

Gleichungen und Ungleichungen

●●●●●●●● □   ●●●●●●●●●   ●●●●●⊘⊘⊘   ● □□□□□□□□

$3 + 5$ ◯ 9 $7 - 4$ ◯ 1

wenn 8 $<$ 9 wenn 3 $>$ 1

dann ist $3 + 5$ $<$ 9 dann ist $7 - 4$ $>$ 1

① Setze das richtige Zeichen: $<$ $=$ $>$.

$3 + 4$ ◯ 10	$8 + 2$ ◯ 9	$7 - 0$ ◯ 9	$9 - 3$ ◯ 6
$6 + 3$ ◯ 9	$9 + 0$ ◯ 10	$10 - 3$ ◯ 6	$8 - 5$ ◯ 2
$0 + 7$ ◯ 7	$2 + 7$ ◯ 9	$9 - 1$ ◯ 7	$10 - 10$ ◯ 1
$5 + 0$ ◯ 5	$8 + 2$ ◯ 10	$7 - 7$ ◯ 0	$8 - 3$ ◯ 4

Wahr **w** oder falsch **f** ?

② $6 + 3 < 9$ **w** **f** $10 - 4 < 5$ **w** **f**   **△③** $4 + 5 > 1 + 2$ **w** **f**

     $4 + 2 > 5$ **w** **f** $9 - 0 = 9$ **w** **f** $9 - 6 = 5 - 2$ **w** **f**

Finde alle Lösungen.

$5 +$ ▢ < 8

$5 + 0 < 8$

$5 + 1 < 8$

$5 + 2 < 8$

④

$3 +$ ▢ < 6

$6 +$ ▢ < 9

$1 +$ ▢ < 7

$4 +$ ▢ $= 8$

⑤

$10 -$ ▢ < 7

$9 -$ ▢ $= 4$

$8 -$ ▢ > 2

$10 -$ ▢ > 6

1. $3 + 4$ $2 + 8$ 2. $10 - 4$ $9 - 9$ 3. Bilde Aufgabenfamilien.

   $7 + 3$ $5 + 5$ $8 - 6$ $6 - 3$ a) $3, 5, 8$ b) $10, 7, 3$

4. Setze das richtige Zeichen: $<$ $=$ $>$.

   9 ◯ 4 7 ◯ 10 6 ◯ 6 8 ◯ 4 2 ◯ 0

5. Berechne die Differenz. Der Minuend ist 9, der Subtrahend 2.

1: Summe berechnen, Relationszeichen setzen   2 und 3: Ungleichungen und Gleichungen auf Wahrheitsgehalt prüfen   4 und 5: Lösungen ermitteln und begründen   W: 1 und 2: Addition und Subtraktion wiederholen   3: Aufgabenfamilien bilden   4: Zahlen vergleichen

AH ▸ 27   TÜ ▸ 27–28

①

```
3 + 2 + ▢
4 + ▢ + ▢
▢ + 6 + ▢
▢ + ▢ + 2
```

②

③

4 + ▢ < 10	9 − ▢ > 4
4 + ▢ < 10	9 − ▢ > 4
4 + ▢ < 10	9 − ▢ > 4
4 + ▢ < 10	9 − ▢ > 4
4 + ▢ < 10	9 − ▢ > 4
4 + ▢ < 10	

4

```
8 − ▢  >  5
3 + ▢  <  7
10 + ▢ = 10
3 + ▢  <  4
6 + ▢  =  6
9 − ▢  <  4
```

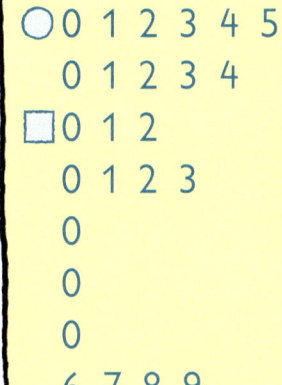

```
○ 0 1 2 3 4 5
  0 1 2 3 4
▢ 0 1 2
  0 1 2 3
  0
  0
  0
  6 7 8 9
```

⑤ Die Summanden sind 2, 5 und 3.
Berechne die Summe.

⑥ Berechne die Differenz aus: 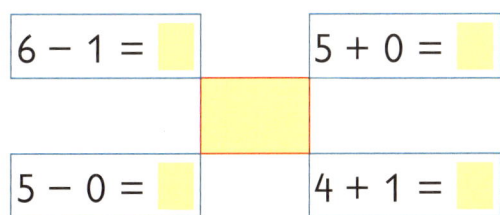 7 und 4   10 und 6   9 und 9   8 und 0 .

⑦ 4 Aufgaben – ein Ergebnis

```
6 − 1 = ▢        5 + 0 = ▢

5 − 0 = ▢        4 + 1 = ▢
```

```
2 + 4 = ▢        6 + 0 = ▢

6 − 0 = ▢        5 + 1 = ▢
```

8 Setze das richtige Zeichen: < = > .

```
6 + 3 ⬤ 10          8 ⬤ 10 − 4          3 + 4 ⬤ 2 + 6
2 + 7 ⬤ 9           7 ⬤ 9 − 1           9 − 5 ⬤ 3 + 2
```

1 und 2: Additions- bzw. Subtraktionsaufgaben finden und lösen   3 und 4: Platzhalter belegen
5 und 6: Begriffe verstehen, Aufgaben bilden und lösen   7: Ergebnis finden, Gleichheit feststellen   8: Relationszeichen setzen
AH ▸ 27   TÜ ▸ 27–28

57

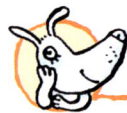

Geldwerte von 1 Cent bis 10 Cent

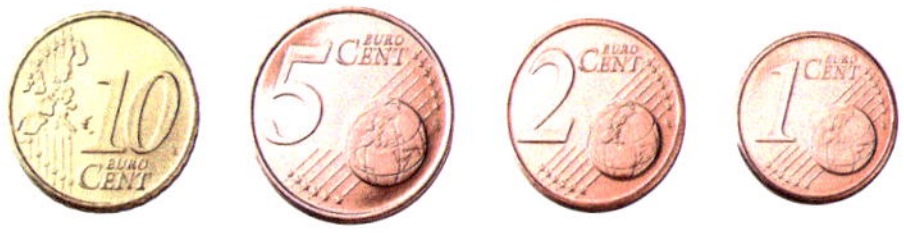

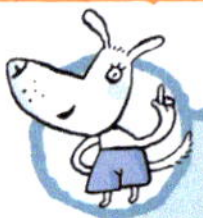

Du sprichst: ein Cent
Du schreibst: 1 ct

①

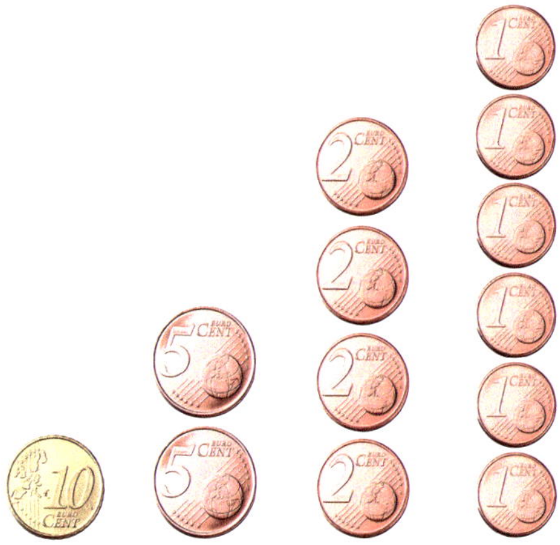

10 ct   10 ct   ct   ct

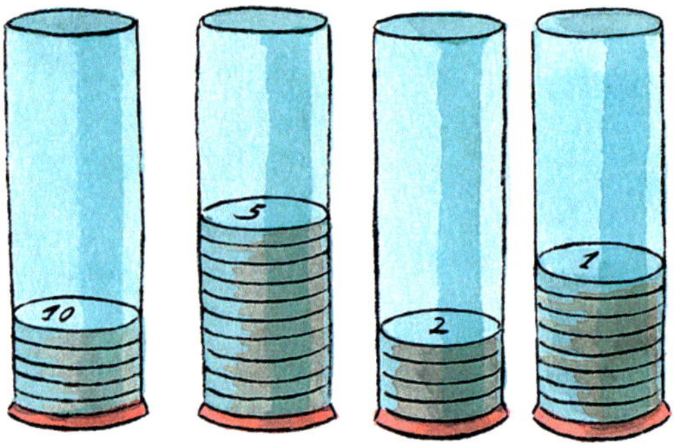

②

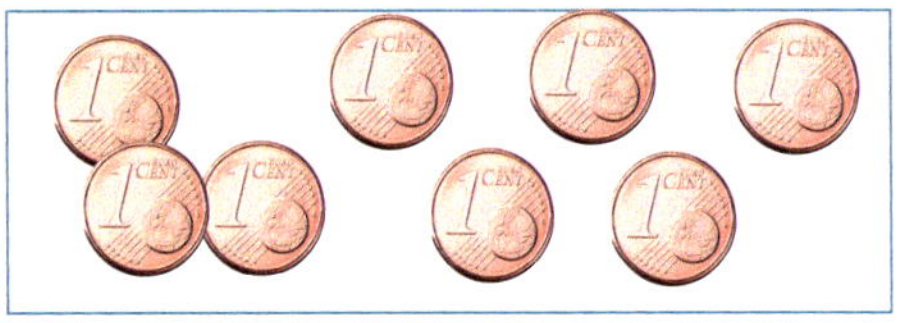

ct

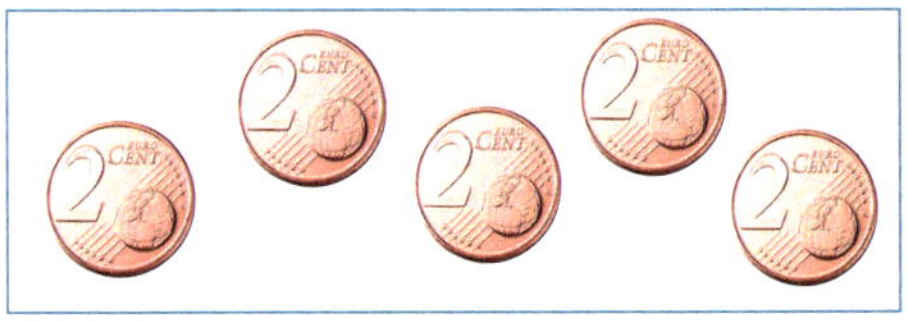

ct

③

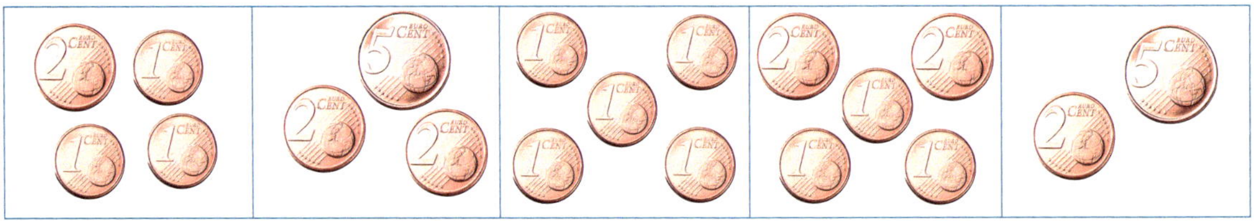

ct   ct   ct   ct   ct

④

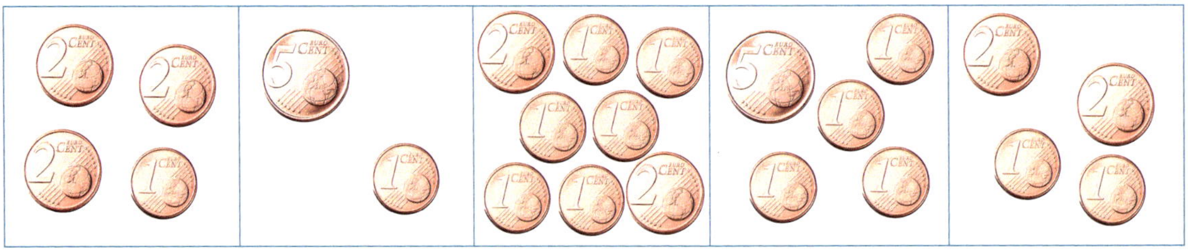

ct   ct   ct   ct   ct

1 bis 4: Summe (Betrag) ermitteln
AH ▶ 28   TÜ ▶ 29

Lege die Geldbeträge mit verschiedenen Münzen.

①	4 ct	2ct	1ct	1ct
	4 ct	2ct	2ct	
	4 ct			

②	5 ct	5ct		
	5 ct			
	5 ct			
	5 ct			

③	6 ct	5ct	1ct	
	6 ct			
	6 ct			
	6 ct			
	6 ct			

Lege die Geldbeträge und rechne.

④
7 ct + 2 ct =   ct
3 ct + 6 ct =   ct
2 ct + 8 ct =   ct
5 ct + 5 ct =   ct

⑤
7 ct +   ct = 9 ct
3 ct +   ct = 9 ct
2 ct +   ct = 10 ct
8 ct +   ct = 8 ct

10 ct   9 ct
9 ct   10 ct
0 ct   6 ct
8 ct   2 ct

⑥
9 ct − 4 ct =   ct
8 ct − 5 ct =   ct
5 ct − 1 ct =   ct
10 ct − 5 ct =   ct

⑦
10 ct −   ct = 3 ct
8 ct −   ct = 2 ct
7 ct −   ct = 0 ct
6 ct −   ct = 6 ct

3 ct   5 ct
4 ct   5 ct
6 ct   7 ct
7 ct   0 ct

⑧
    ct + 2 ct = 6 ct
    ct + 4 ct = 8 ct
    ct − 5 ct = 0 ct
    ct − 8 ct = 1 ct

⑨
2 ct + 3 ct +   ct = 10 ct
2 ct +   ct + 2 ct = 9 ct
10 ct − 2 ct −   ct = 1 ct
8 ct −   ct − 2 ct = 0 ct

☐ 9 ct   4 ct
5 ct   4 ct
△ 7 ct   5 ct
6 ct   5 ct

⑩ Die Summanden sind 4 ct, 3 ct und 2 ct. Berechne die Summe.

3 + 7 =   7 + 2 =   6 + 0 =   9 − 0 =   10 − 9 =
6 + 4 =   3 + 5 =   1 + 8 =   7 − 5 =   6 − 5 =

1 bis 3: Beträge mit verschiedenen Münzen legen
4 bis 9: Summen (Beträge) und Summanden ermitteln   10: Begriffe verstehen, Gleichung bilden und lösen

59

AH ▸ 28   TÜ ▸ 29

Geldwerte von 1 Euro bis 10 Euro

Du sprichst: ein Euro
Du schreibst: 1 €

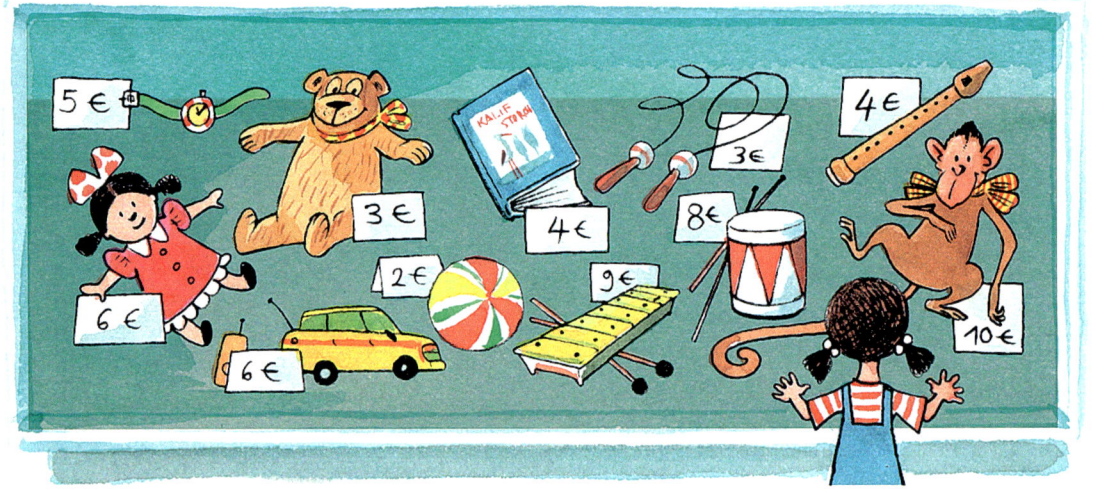

① Lege mit Rechengeld. Finde verschiedene Möglichkeiten.

3 €

oder

6 €	8 €	9 €	4 €

② Wie viel musst du bezahlen?

3 € + 6 € = 9 €

▢ € + ▢ € = ▢ €

 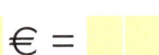

▢ € + ▢ € = ▢▢ €

▢ € + ▢ € = ▢ €

▢ € + ▢ € = ▢ €

▢ € + ▢ € = ▢▢ €

1: Geldbeträge legen; verschiedene Möglichkeiten besprechen
2: Geldbeträge addieren
AH ▶ 29 TÜ ▶ 30

① Lege immer 10 Euro.   Lisa legt so:

Finde andere Möglichkeiten.

② Bezahle auf verschiedene Weise.

1€	2€	5€
4	1	/

6€

1€	2€	5€
/	2	1

9€

③
8€ + 1€ = ☐ €
3€ + 3€ = ☐ €
3€ + ☐ € = 8€
1€ + ☐ € = 5€
5€ + ☐ € = 10€

④
7€ − 4€ = ☐ €
9€ − 6€ = ☐ €
6€ − ☐ € = 3€
10€ − ☐ € = 6€
3€ − ☐ € = 3€

4€ 6€ 5€
9€ 5€
3€ 4€ 3€
0€ 3€

⑤
☐ € + 2€ = 9€
☐ € + 4€ = 5€
☐ € + 3€ = 10€

☐☐ € − 6€ = 4€
☐☐ € − 9€ = 1€
☐☐ € − 6€ = 0€

1€   7€
7€   6€
10€ 10€

⑥ Was kannst du für 10 € kaufen?

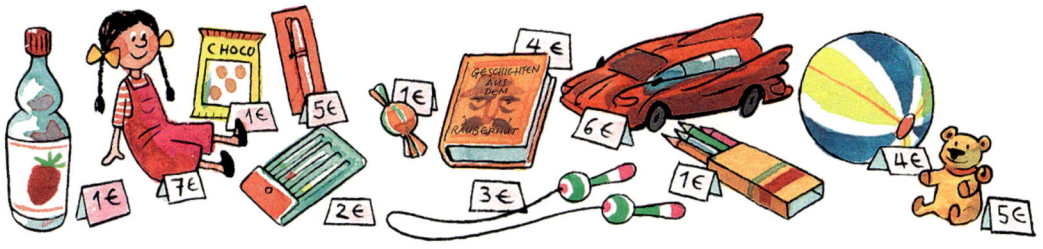

1: Möglichkeiten der Zerlegung mit 1, 2 und 5 Euro finden   2: Verschiedene Möglichkeiten finden
3 bis 5: Platzhalter bestimmen   6: Verschiedene Additionsaufgaben finden und lösen
AH ▸ 29   TÜ ▸ 30

61

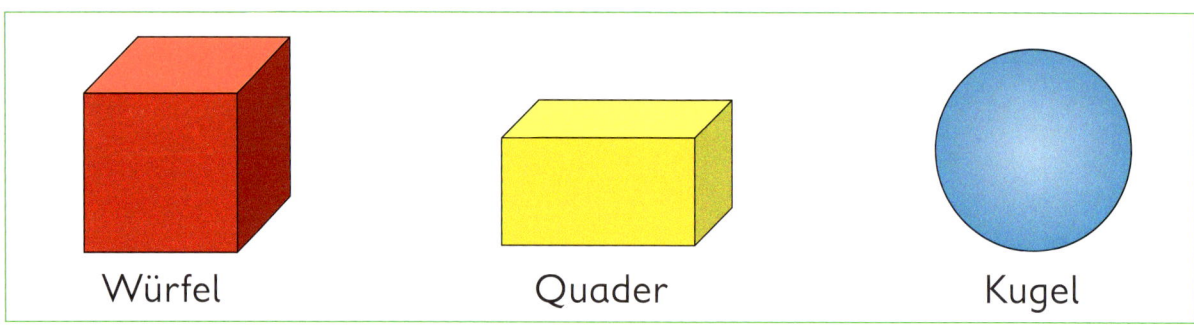

Würfel   Quader   Kugel

① Ordne zu.

② Probiere aus, welche Körper
rollen,
stehen,
rollen und stehen.

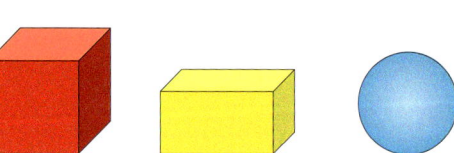

③ Forme Würfel, Quader und Kugeln aus Knete.

1: Begriffe den Objekten zuordnen   2: Eigenschaften durch Ausprobieren zuordnen
3: Körper formen
AH ▶ 30   TÜ ▶ 31

Baue mit Würfeln und zähle.

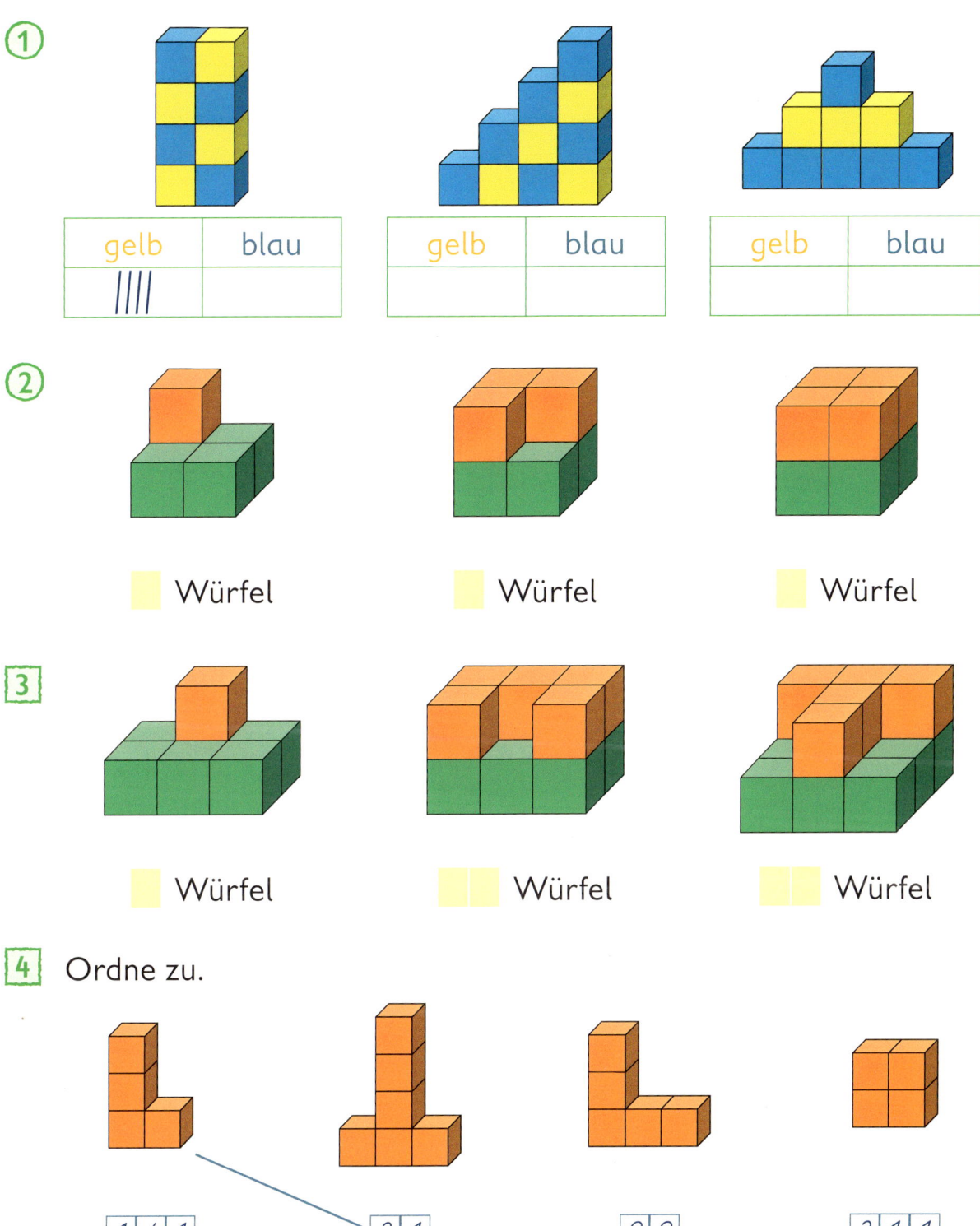

①

gelb	blau
IIII	

gelb	blau

gelb	blau

②

◻ Würfel   ◻ Würfel   ◻ Würfel

③

◻ Würfel   ◻ Würfel   ◻ Würfel

④ Ordne zu.

| 1 | 4 | 1 | | 3 | 1 | | 2 | 2 | | 3 | 1 | 1 |

1 bis 3: Würfelbauten nachbauen und Anzahl der Würfel bestimmen
4: Baupläne den Würfelbauten zuordnen, evtl. nach Bauplan bauen
AH ▸ 31   TÜ ▸ 31

63

Kann ich das schon?

① Setze das richtige Zeichen: < = > .

7 ◯ 3	3 + 1 ◯ 4	3 ct ◯ 5 ct	3 € + 2 € ◯ 5 €
0 ◯ 2	7 + 2 ◯ 8	10 ct ◯ 9 ct	6 € + 3 € ◯ 10 €
8 ◯ 9	6 − 3 ◯ 3	4 ct ◯ 2 ct	9 € − 6 € ◯ 3 €
5 ◯ 4	8 − 5 ◯ 4	7 ct ◯ 5 ct	10 € − 5 € ◯ 5 €

② Gib die Vorgänger und Nachfolger der Zahlen 1, 5 und 9 an.

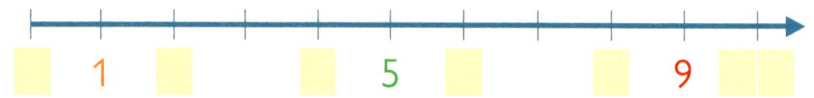

③

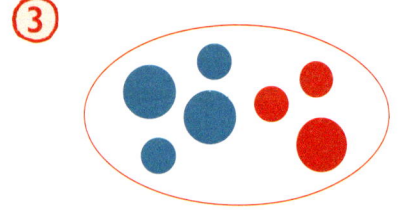 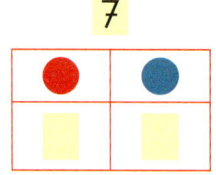  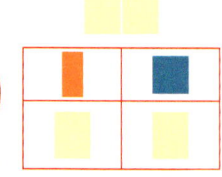

 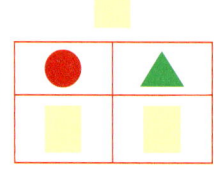 

④

7 + 2 = ▢▢	10 − 7 = ▢	5 + ▢ = 10	10 − ▢ = 6
6 + 4 = ▢▢	9 − 6 = ▢	3 + ▢ = 8	9 − ▢ = 2
2 + 8 = ▢▢	8 − 8 = ▢	4 + ▢ = 9	7 − ▢ = 0
10 + 0 = ▢▢	7 − 4 = ▢	▢ + 4 = 10	▢ − 4 = 4
5 + 5 = ▢▢	10 − 5 = ▢	▢ + 3 = 6	▢ − 6 = 3

⑤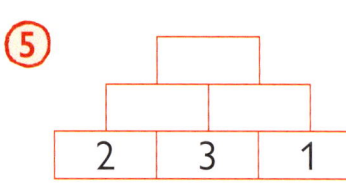

⑥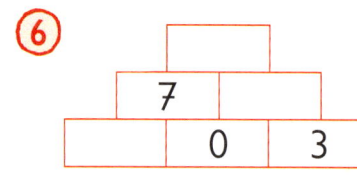

⑦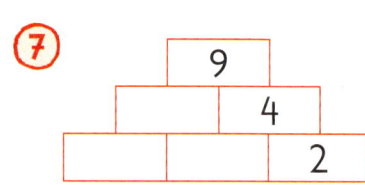

64

① 5 + 1 + 2 = ☐ 6 + 2 + ☐ = 9 8 − 3 − 4 = ☐ 7 − ☐ − 4 = 1
4 + 2 + 2 = ☐ 2 + 2 + ☐ = 8 7 − 2 − 5 = ☐ 8 − ☐ − 1 = 4
1 + 6 + 2 = ☐ 4 + 3 + ☐ = 9 9 − 1 − 6 = ☐ 9 − ☐ − 4 = 2

② Bilde Aufgabenfamilien.

3 **6** **9**   **6** **8** **2**   **10** **7** **3**

③ Wahr oder falsch ?

4 + 3 < 9 w f   10 − 3 = 6 w f   4 + 3 > 2 + 5 w f
3 + 5 = 8 w f   9 − 8 > 2 w f   9 − 3 < 10 − 6 w f

④ Finde alle Lösungen.

2 + ☐ < 4   10 − ☐ < 7   5 + ☐ > 8   10 − ☐ > 8
7 + ☐ < 10   6 − ☐ < 1   3 + ☐ > 7   6 − ☐ > 3

⑤ Aufgabe und Umkehraufgabe gesucht

☐ ○ ☐ = ☐
☐ ○ ☐ = ☐

☐ ○ ☐ = ☐
☐ ○ ☐ = ☐

⑥ Wie viele Würfel sind es? Baue nach.

 ☐ Würfel    ☐ Würfel   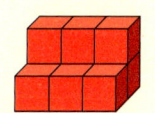 ☐ Würfel    ☐ Würfel

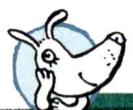

Die Zahlen von 11 bis 20

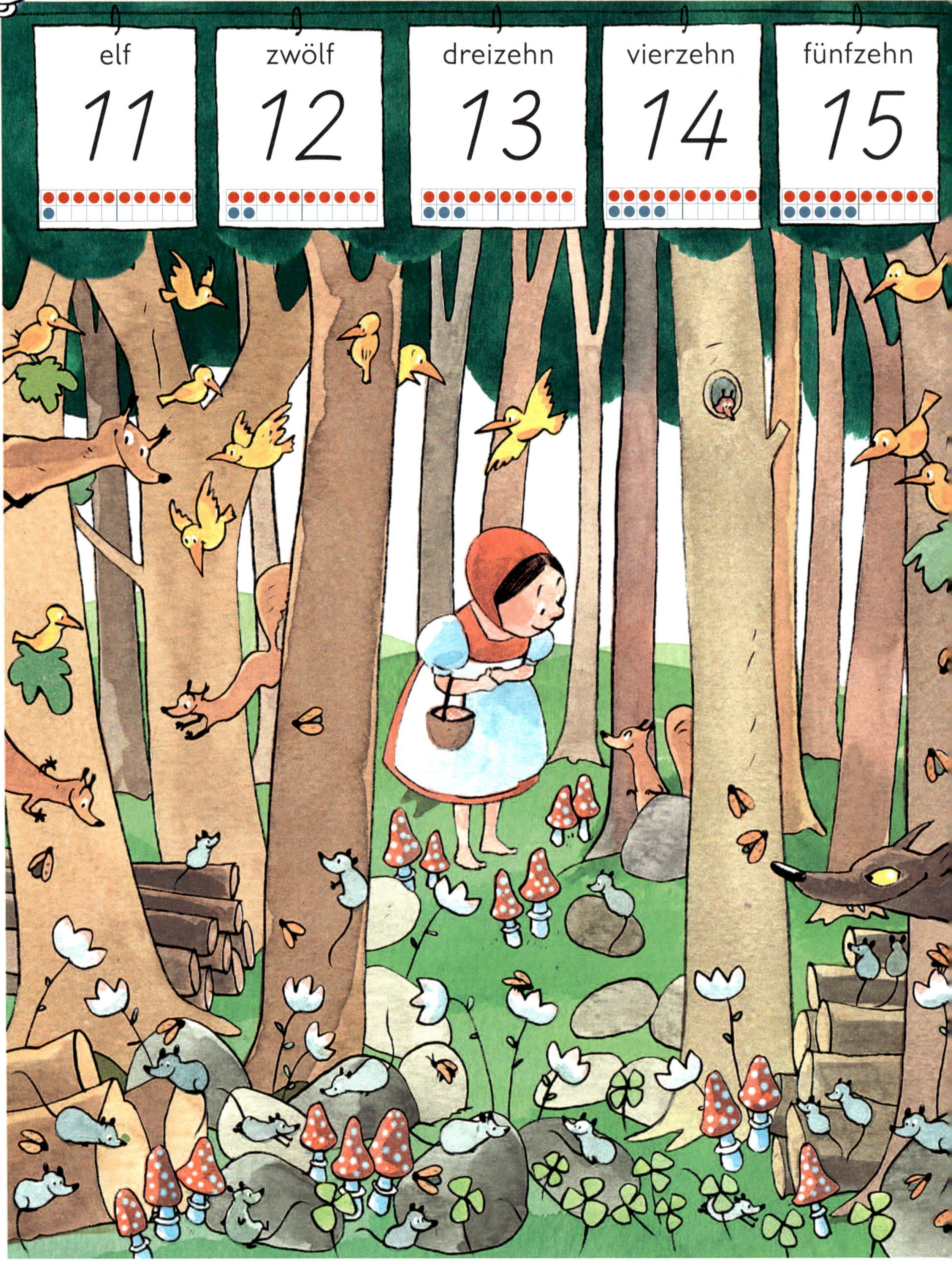
elf
11
zwölf
12
dreizehn
13
vierzehn
14
fünfzehn
15

Bild besprechen, Objekte erfassen und Anzahl bestimmen;
Lage der Objekte unter Verwendung von „links“, „rechts“, „oben“, „unten“, „über“, „neben“, „zwischen“, „hinter“ und „vor“ beschreiben

AH 32 TÜ 32

sechzehn	siebzehn	achtzehn	neunzehn	zwanzig
16	*17*	*18*	*19*	*20*

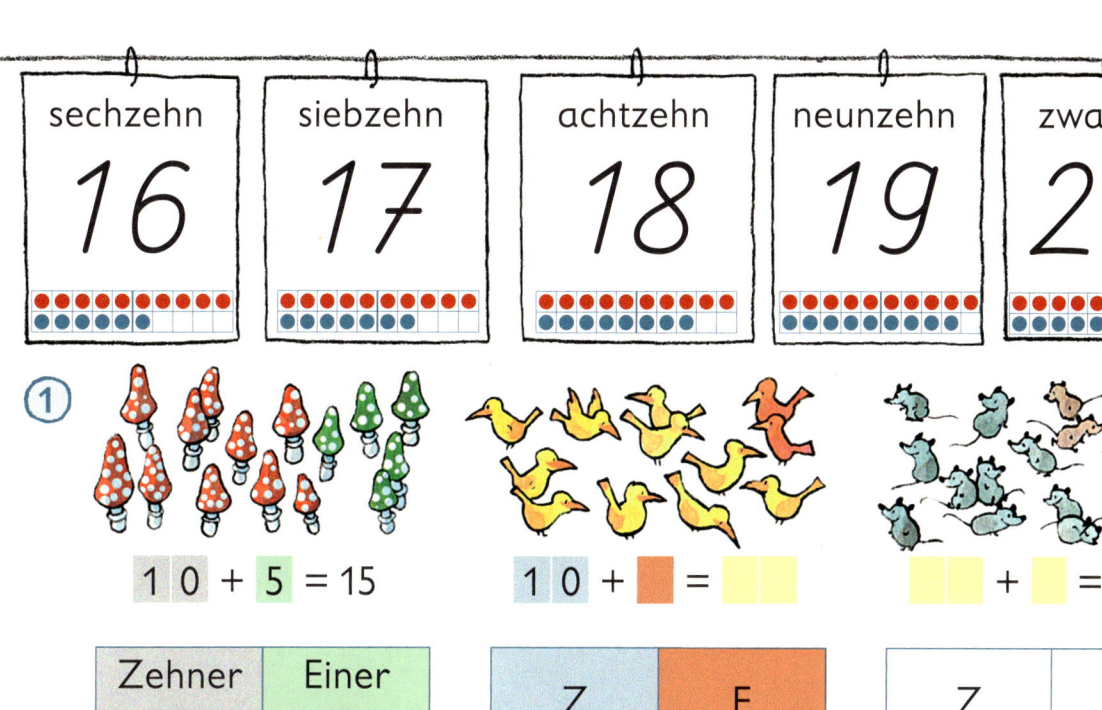

①

$1\ 0 + 5 = 15$

Zehner (Z)	Einer (E)
1	5

$1\ 0 +$ ⬛ $=$ ⬜⬜

Z	E
1	

⬜ $+$ ⬜ $=$ ⬜⬜

Z	E

②

Z	E

Z	E

Z	E

Z	E

③ Male im Heft Kästchen aus.

Z	E
1	8

Z	E
1	4

Z	E
1	9

Z	E
1	2

Z	E
1	3

④ Male und schreibe.

16

Z	E

11

Z	E

20

Z	E

17

Z	E

1 und 2: Zehner und Einer erfassen, Anzahlen in die Stellenwerttafel eintragen   3: Anzahl der Kästchen nach Vorgabe färben
4: Legen nach Zahlvorgabe, Zahlen in die Stellenwerttafel eintragen

AH ▸ 32   TÜ ▸ 32

67

Orientieren im Zwanzigerfeld

1	2	3	4	5	6	7	8	9	10
11	12	13	14	15	16	17	18	19	20

3 20
16

(1) Start: 3  → → ↓ Ziel: 15

(2) Start: 6 → → → ↓ → Ziel:

[3] Start: 14 ← ← ↑ → Ziel:

[4] Start: 20 ← ↑ ← ← ↓ ← Ziel:

(5) Welche Zahlen fehlen?

1			4
11	12		

12	13	14

6		
	17	

1	2	3	4

11	

4	5	6

(6) Zähle in 2er-Schritten.

1	2	3	4	5	6	7	8	9	10	11	12	13	14	15	16	17	18	19	20

(7) Zähle in 3er-Schritten.

1	2	3	4	5	6	7	8	9	10	11	12	13	14	15	16	17	18	19	20

1 bis 4: Schrittfolge nach Vorgabe, Zielzahl ermitteln   5: Abgedeckte Zahlen ermitteln
6 und 7: Zählen in angegebener Schrittfolge
AH ▸ 33   TÜ ▸ 33

<	=	>
ist kleiner als	ist gleich	ist größer als

1 Vergleiche.

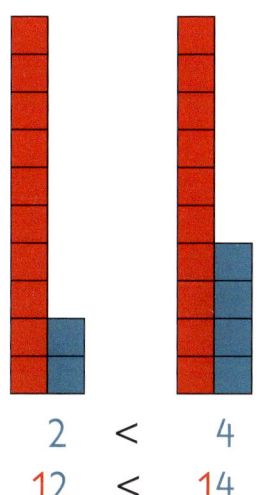

2 < 4

12 < 14

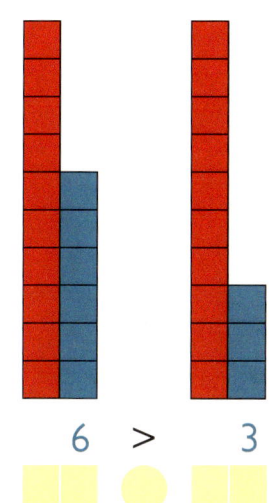

6 > 3

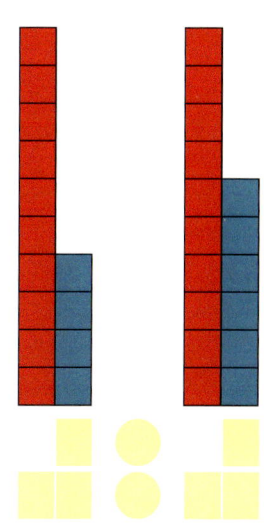

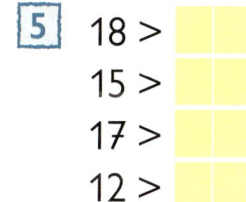

2
20 ◯ 15
14 ◯ 14
18 ◯ 16
17 ◯ 10

3
15 ◯ 5
12 ◯ 8
9 ◯ 19
7 ◯ 11

4
19 ◯ 19
13 ◯ 3
16 ◯ 8
6 ◯ 14

5
18 > ▢
15 > ▢
17 > ▢
12 > ▢

6 Ordne von der kleinsten zur größten Zahl.

16 9̶ 12 17 13
E T I R G

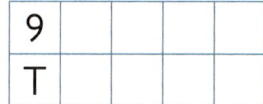

7 Ordne von der größten zur kleinsten Zahl.

18 14 6 15 20 10 16 4 8
E N R E R W G M U

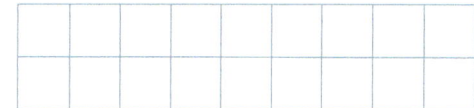

1: Anzahlen vergleichen, Zahlen zuordnen, Relationszeichen setzen
2 bis 5: Zahlen vergleichen und Relationszeichen setzen 6 und 7: Ordnen nach Vorschrift
AH ❯ 34   TÜ ❯ 34

69

Vorgänger und Nachfolger

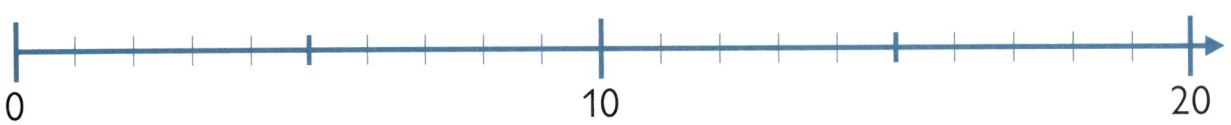

```
0                    10                    20
```

① Zeige und zähle bis 20.

② Zeige und kennzeichne: 4, 13, 18, 11, 7, 19, 9.

③ Welche Zahlen liegen zwischen 13 und 17? ▢▢ ▢▢ ▢▢

Welche Zahlen liegen zwischen 11 und 16? ▢▢ ▢▢ ▢▢ ▢▢

Welche Zahlen liegen zwischen 17 und 20? ▢▢ ▢▢

18 14
16 19
13 14
15 12
15

④ Zwischen ▢▢ und ▢▢ liegen die Zahlen 13, 14, 15.

V 11 Vorgänger   N 13 Nachfolger

⑤

V	Z	N
	14	
	17	
	16	
	19	
	13	

⑥

V	Z	N
11		
14		
		19
		11
	14	

5 6 ▢   ▢ 3 ▢   ▢ 9 ▢

▢ 2 ▢   ▢ 8 ▢   ▢ ▢ 5

1 und 2: Zahlen am Zahlenstrahl zeigen und kennzeichnen   3 und 4: Begriff „liegt zwischen" verstehen und entsprechende Zahlen benennen
5 und 6: Vorgänger, Nachfolger oder Zahl bestimmen und eintragen   W: Vorgänger, Nachfolger im Zahlenraum bis 10 bestimmen

AH ▶ 34   TÜ ▶ 35

$$10 + 3 = 13 \qquad 10 + 6 = 16 \qquad 10 + 10 = 20$$

①
$10 + 4 = \square$ $\qquad$ $10 + 2 = \square$ $\qquad$ $3 + 10 = \square$

$10 + 5 = \square$ $\qquad$ $10 + 1 = \square$ $\qquad$ $8 + 10 = \square$

$10 + 9 = \square$ $\qquad$ $10 + 7 = \square$ $\qquad$ $6 + 10 = \square$

16	12	17
11	15	18
19	13	14

② Sortiere die Karten ein.

3 + 10	9 + 10
10 + 9	6 + 10
4 + 10	10 + 7
7 + 10	10 + 4
10 + 6	10 + 3

③ Vervollständige.

$10 + \quad 1 = \square$
$10 + \quad 2 = \square$
$10 + \quad 3 = \square$
$10 + \square = \square$
$10 + \square = \square$
$10 + \square = \square$
$10 + \square = \square$
$10 + \square = \square$
$10 + \square = \square$
$10 + \square = \square$
$10 + \square = \square$

④ $10 \xrightarrow{+8} \square \quad 10 \xrightarrow{+4} \square \quad 10 \xrightarrow{+7} \square \quad 5 \xrightarrow{+10} \square \quad 10 \xrightarrow{+10} \square$

⑤
$14 = 10 + \ 4$ $\qquad$ $18 = \square + \square$ $\qquad$ $15 = \square + \square$

$14 = \ 4 + 10$ $\qquad$ $18 = \square + \square$ $\qquad$ $15 = \square + \square$

$17 = 10 + \square$ $\qquad$ $16 = \square + \square$ $\qquad$ $19 = \square + \square$

$17 = \square + 10$ $\qquad$ $16 = \square + \square$ $\qquad$ $19 = \square + \square$

1: Addition zu 10   2: Aufgaben den Lösungen zuordnen, Lösung zu zwei Aufgaben finden
3: Aufgabenfolge weiterführen   4: Rechenbefehle ausführen   5: Zerlegen
TÜ ● 36

71

3 + 2 = 5
Das kann ich schon rechnen.

Dazu den Zehner, also ist 13 + 2 = 15.

13 + 2

3 + 2 = 5

13 + 2 = 15

① Lege mit Plättchen und rechne.

7 + 2 =	4 + 4 =	5 + 2 =	8 + 1 =
17 + 2 =	14 + 4 =	15 + 2 =	18 + 1 =

6 + 3 ist die bekannte Aufgabe.

16 + 3

Suche die bekannte Aufgabe und übertrage sie.

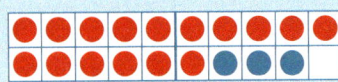

6 + 3 = 9

16 + 3 = 19

② Berechne die Summen.

13 + 6 =	11 + 7 =	12 + 4 =	14 + 5 =
15 + 3 =	16 + 3 =	17 + 2 =	10 + 8 =

Schreibe und rechne so:

4 + 3 = 7
3 + 4 = 7

2 + 5	1 + 6	3 + 7	7 + 2
3 + 6	4 + 5	1 + 8	4 + 6
0 + 9	10 + 0	6 + 4	1 + 4

$$14 + \ 2 = 16$$
$$2 + 14 = 16$$

14 + 2

2 + 14

So rechnet Ben: 14 + 2 = 16

+ 2

0 1 2 3 4 5 6 7 8 9 10 11 12 13 **14** 15 **16** 17

So rechnet Lisa: 2 + 14 = 16

+ 14

0 1 **2** 3 4 5 6 7 8 9 10 11 12 13 14 15 **16** 17

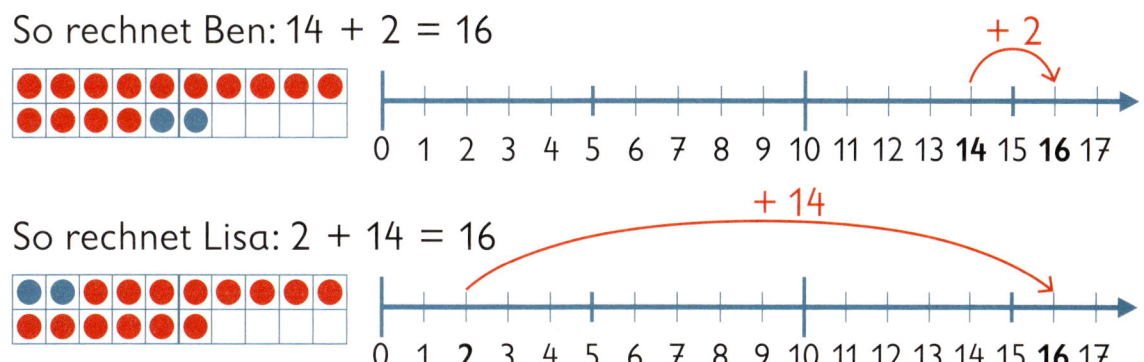

① Aufgabe und Tauschaufgabe werden gesucht. Berechne die Summen.

2 + 17 = ☐☐   6 + 11 = ☐☐   ☐ + ☐ = ☐☐
17 + 2 = ☐☐   ☐ + ☐ = ☐☐   ☐ + ☐ = ☐☐

② Rechne. Du darfst die Summanden vertauschen.

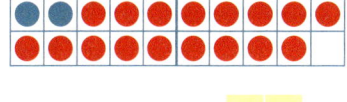
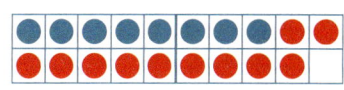

14 + 3 = ☐☐   2 + 18 = ☐☐   4 + 12 = ☐☐
4 + 14 = ☐☐   13 + 6 = ☐☐   17 + 3 = ☐☐
7 + 11 = ☐☐   1 + 19 = ☐☐   2 + 16 = ☐☐

20 17 20
16 18 19
20 18 18

1. 2 + 5   2. 6 + 3   3. 1 + 9   4. 7 + 6   5. 7 + 2   6. 5 + 3
   5 + 2   3 + 6   9 + 1   6 + 7   2 + 7   3 + 5

1: Aufgabe und Tauschaufgabe aufschreiben und lösen   2: Additionsaufgaben lösen   W: Aufgabe und Tauschaufgabe lösen
AH ○ 35   TÜ ○ 37

73

Subtrahieren ohne Zehnerübergang

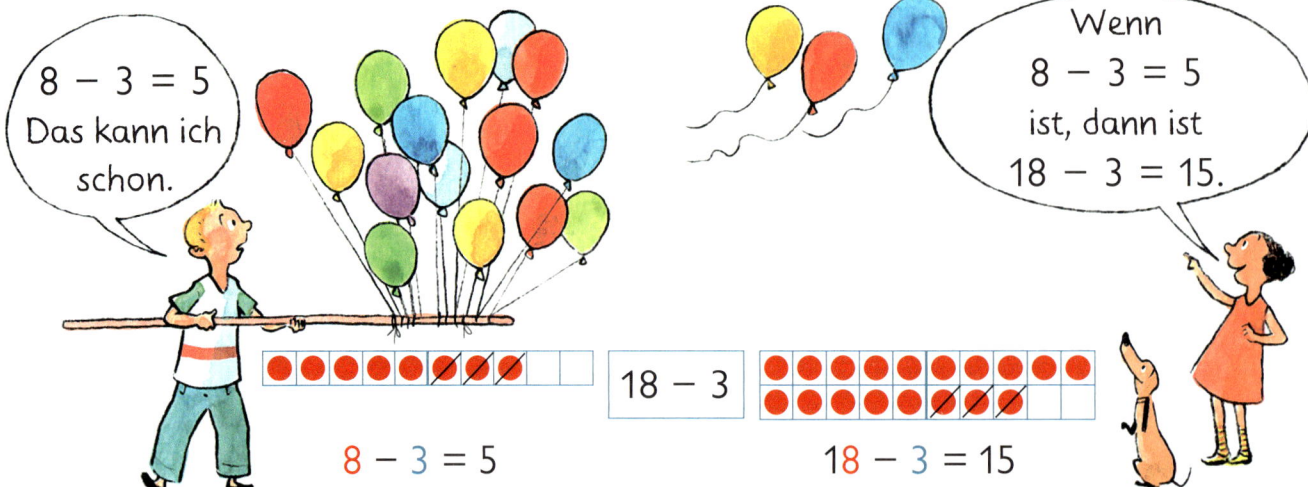

8 – 3 = 5
Das kann ich schon.

Wenn
8 – 3 = 5
ist, dann ist
18 – 3 = 15.

18 – 3

8 – 3 = 5

18 – 3 = 15

① Lege mit Plättchen und rechne.

5 – 3 =	6 – 2 =	7 – 5 =	9 – 5 =
15 – 3 =	16 – 2 =	17 – 5 =	19 – 5 =

7 – 4
ist die bekannte Aufgabe.

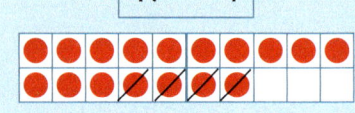

17 – 4

7 – 4 = 3

17 – 4 = 13

Suche die
bekannte Aufgabe
und übertrage sie.

② Berechne die Differenzen.

15 – 4 =	19 – 7 =	12 – 2 =	18 – 6 =
17 – 5 =	14 – 3 =	16 – 5 =	19 – 8 =

1. Suche die Aufgabenfamilie zu den Zahlen 6, 9 und 3.

2.   – 2   –   +   +

9 ⇄ 7   8 ⇄ 5   1 ⇄ 7   2 ⇄ 10

   +   +   –   –

1: Aufgaben mit Plättchen legen, Subtrahieren   2: Bekannte Aufgabe suchen und übertragen
W: 1: Aufgabenfamilie finden   2: Nach Vorschrift subtrahieren und addieren

AH ▶ 36   TÜ ▶ 38

Löse immer zwei Aufgaben.

① 14 − 3   17 − 4   19 − 8

4 − 3 = ☐   ☐ − 4 = ☐   ☐ − ☐ = ☐
14 − 3 = ☐☐   ☐ − ☐ = ☐☐   ☐ − ☐ = ☐☐

② 16 + 4   13 + 5   16 + 3

☐ + ☐ = ☐   ☐ + ☐ = ☐   ☐ + ☐ = ☐
☐ + ☐ = ☐☐   ☐ + ☐ = ☐☐   ☐ + ☐ = ☐☐

③ Was gehört zusammen?

7 − 3 = 4
17 − 3 = 14

19 − 0   7 − 5   9 − 8   7 − 2   ☐ − ☐

17 − 5   17 − 2   19 − 8   15 − 3   9 − 0

Rechne. Wie geht es weiter?

④ 16 − 2 = ☐☐
    16 − 3 = ☐☐
    16 − 4 = ☐☐
    16 − ☐ = ☐☐
    ☐☐ − ☐ = ☐☐

⑤ 15 − 0 = ☐☐
    15 − 1 = ☐☐
    15 − 2 = ☐☐
    15 − ☐ = ☐☐
    ☐☐ − ☐ = ☐☐

⑥ 19 − 1 = ☐☐
    19 − 3 = ☐☐
    19 − 5 = ☐☐
    19 − ☐ = ☐☐
    ☐☐ − ☐ = ☐☐

1 und 2: Bekannte Aufgaben lösen und übertragen   3: Zur bekannten Aufgabe die analoge Aufgabe finden
4 bis 6: Reihe fortsetzen und Platzhalter belegen, Differenz berechnen
AH ➔ 37   TÜ ➔ 39–40

75

①
14 + 5 = ☐☐   18 − 7 = ☐☐
15 + 3 = ☐☐   13 − 2 = ☐☐
13 + 4 = ☐☐   16 − 5 = ☐☐
17 + 2 = ☐☐   15 − 4 = ☐☐
11 + 6 = ☐☐   17 − 6 = ☐☐

2
17 + ☐ = 19   14 − ☐ = 11
14 + ☐ = 18   16 − ☐ = 13
12 + ☐ = 17   19 − ☐ = 16
13 + ☐ = 15   15 − ☐ = 12
10 + ☐ = 16   17 − ☐ = 14

③ + 5

10	
11	
12	
13	

④ − 2

17	
13	
16	
14	

5 + 4

14	
	15
13	
	19

6 − 3

	13
17	
	15
19	

⑦ Bilde Aufgaben.
Berechne die Summen.

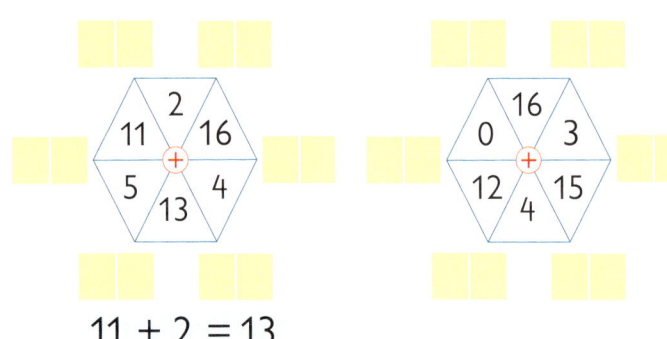

11 + 2 = 13

⑧ Zerlege die Zahlen.
Gib 2 Möglichkeiten an.

18 = 10 + 8
18 = 10 + 6 + 2

14 = 10 + ☐
14 = 10 + ☐ + ☐

16 = 10 + ☐
16 = 10 + ☐ + ☐

⑨ Wie heißen die Zahlen?

Meine Zahl ist größer als 12 + 4 und kleiner als 18.

Meine Zahl ist größer als 14 + 1 und kleiner als 19 − 2.

10 Löse die Aufgaben.
Erzähle zu jeder Aufgabe eine Rechengeschichte.

20 − 5	14 + 4
17 + 3	16 − 2
18 − 5	11 + 8

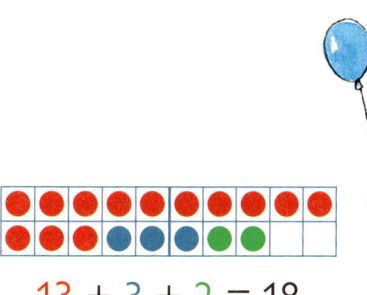

$13 + 3 + 2 = 18$

Lege und rechne.

① $14 + 2 + 1 =$
$17 + 0 + 2 =$
$11 + 4 + 3 =$
$12 + 4 + 2 =$

② $16 + 3 + 0 =$
$12 + 1 + 2 =$
$11 + 5 + 2 =$
$13 + 3 + 3 =$

△③ $15 + 2 + 3 =$
$14 + 5 + 2 =$
$13 + 4 + 5 =$
$16 + 2 + 2 =$

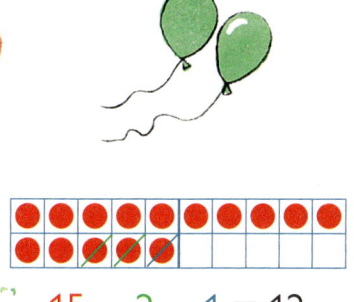

$15 - 2 - 1 = 12$

Lege und rechne.

④ $17 - 1 - 1 =$
$14 - 3 - 0 =$
$16 - 1 - 3 =$
$18 - 2 - 2 =$

⑤ $15 - 0 - 4 =$
$18 - 3 - 4 =$
$19 - 2 - 2 =$
$14 - 2 - 1 =$

⑥ $18 - 2 - 4 =$
$19 - 5 - 3 =$
$17 - 3 - 2 =$
$16 - 4 - 1 =$

Setze das richtige Zeichen: < = > .

7
$17 \bigcirc 10 + 5 + 4$
$16 \bigcirc 11 + 2 + 3$
$18 \bigcirc 17 - 4 - 2$

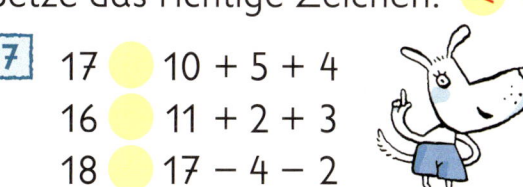

△8
$12 + 4 + 1 \bigcirc 12 + 3 + 2$
$14 + 2 + 4 \bigcirc 14 + 1 + 3$
$17 - 1 - 6 \bigcirc 17 - 2 - 3$

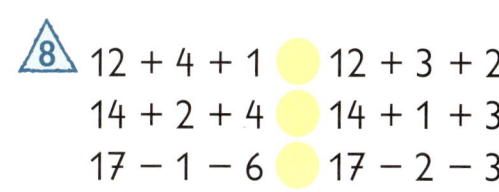

1 bis 3: Addieren mit drei Summanden   4 bis 6: Subtrahieren mit zwei Zahlen
7 bis 8: Differenzen bzw. Summen berechnen, Relationszeichen setzen
AH ▶ 38   TÜ ▶ 41

77

Umkehraufgaben

①

16 + 2 = 18

☐ + ☐ = ☐

18 − 2 = ☐☐

☐☐ − ☐ = ☐☐

② Löse die Aufgabe und die Umkehraufgabe.

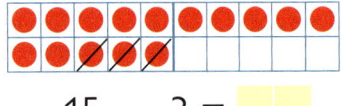

15 − 3 = ☐☐   ☐☐ − ☐ = ☐☐   ☐☐ − ☐ = ☐☐

☐☐ + 3 = ☐☐   ☐☐ + ☐ = ☐☐   ☐☐ + ☐ = ☐☐

③ Rechne.

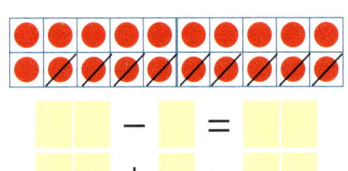

   − 3   − 2   − ☐   − ☐

14 ⇄ ☐☐   17 ⇄ ☐☐   15 ⇄ 11   18 ⇄ 13

+ ☐   + ☐   + ☐   + ☐

④ Rechne. Kontrolliere mit der Umkehraufgabe.

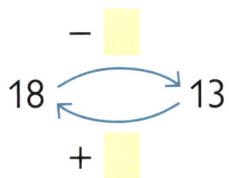

18 − 6 = 12   13 − 2 = ☐☐   10 + 7 = ☐☐   12 + ☐ = 17

12 + 6 = 18   15 − 4 = ☐☐   14 + 4 = ☐☐   14 − ☐ = 14

13 + 4 = 17   19 − 7 = ☐☐   17 + 3 = ☐☐   16 + ☐ = 19

17 − 4 = 13   18 − 3 = ☐☐   11 + 9 = ☐☐   17 − ☐ = 11

11 17 5 11 18 0 12 20 3 15 20 6

1: Bildinhalt erklären, Platzhalter belegen   2: Additions- und Subtraktionsaufgaben finden und lösen
3: Rechenbefehle ausführen   4: Aufgaben mit den Umkehraufgaben kontrollieren

AH ▶ 38   TÜ ▶ 42

Das sind Nachbaraufgaben zu 14 + 5.

Das sind auch Nachbaraufgaben zu 14 + 5.

14 + 4 = 18

13 + 5 = 18   14 + 5 = 19   15 + 5 = 20

14 + 6 = 20

13 + 5   15 + 5   14 + 4   14 + 6

① Schreibe Nachbaraufgaben auf. Löse sie.

12 + 1 = ☐   ☐ + ☐ = ☐

11 + 2 = ☐   12 + 2 = 14   ☐ + 2 = ☐   15 + 3 = ☐

12 + ☐ = ☐   ☐ + ☐ = ☐

☐ + 7 = ☐   11 + 7 = 18   ☐ + 7 = ☐

☐ + 6 = ☐   13 + 6 = 19   ☐ + 6 = ☐   ☐ − 3 = ☐

12 − ☐ = ☐   13 − 2 = ☐   14 − ☐ = ☐   8 − 4 = ☐

☐ − ☐ = ☐

② Bilde Aufgabenfamilien.

     6   4   10   3   10   7

6 + 4 = ☐   10 − 4 = ☐   ☐ + ☐ = ☐   ☐ − ☐ = ☐
4 + ☐ = ☐   10 − ☐ = ☐   ☐ + ☐ = ☐   ☐ − ☐ = ☐

③ 10
7 + ☐
5 + ☐
8 + ☐
4 + ☐

④ 10
2 + 4 + ☐
4 + 2 + ☐
0 + ☐ + 4
5 + ☐ + 2

3 4
4 6

⑤ 18
10 + ☐
12 + ☐
0 + ☐
8 + ☐

1: Nachbaraufgaben finden, Platzhalter belegen   2: Aufgabenfamilien finden und lösen
3 bis 5: Platzhalter bestimmen
AH ▶39   TÜ ▶43

79

① Verdopple mit dem Spiegel. Schreibe die passende Aufgabe auf.

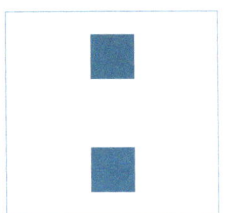  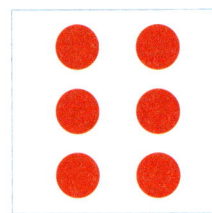 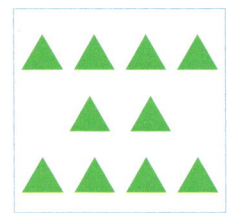

② Wie viel Cent hast du nach dem Verdoppeln? Wie rechnest du?

③ Verdopple.

	5	3	4	10 ct	6 €
Aufgabe	5 + 5	+	+	ct + ct	€ + €
Das Doppelte	10			ct	€

1: Additionsaufgaben mit zwei gleichen Summanden finden und lösen   2: Das Doppelte bestimmen und Rechenweg erklären
3: Tabelle vervollständigen
AH ▶ 40   TÜ ▶ 44

Die Hälfte von 8 ist 4.

8 = ☐ + ☐

①

Die Hälfte von ☐☐
ist ☐.

Die Hälfte von ☐☐
ist ☐.

Die Hälfte von ☐☐
ist ☐.

② Wie viel ist die Hälfte von diesem Geld? Wie rechnest du?

③ Halbiere.

	8	16	20	14 €	18 €
Aufgabe	8 – 4	–	–	€ – €	€ – €
Die Hälfte	4			€	€

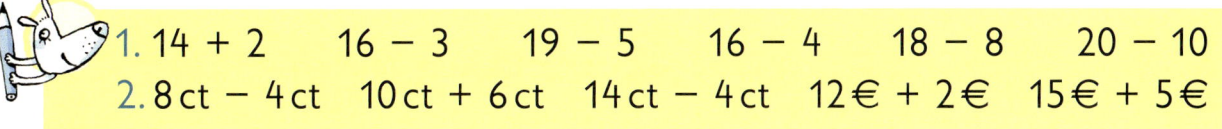

1. 14 + 2   16 – 3   19 – 5   16 – 4   18 – 8   20 – 10
2. 8 ct – 4 ct   10 ct + 6 ct   14 ct – 4 ct   12 € + 2 €   15 € + 5 €

1: Die Hälfte der angegebenen Anzahl bestimmen   2: Den halben Geldbetrag ermitteln
3: Tabelle vervollständigen   W: Additions- und Subtraktionsaufgaben lösen
AH ○ 40   TÜ ○ 45

81

Gerade und ungerade Zahlen

2, 4, 6, 8, 10, 12, 14, 16, 18, 20 sind **gerade** Zahlen.	1, 3, 5, 7, 9, 11, 13, 15, 17, 19 sind **ungerade** Zahlen.

① Trage die Anzahl der Würfel ein. Was fällt dir auf?

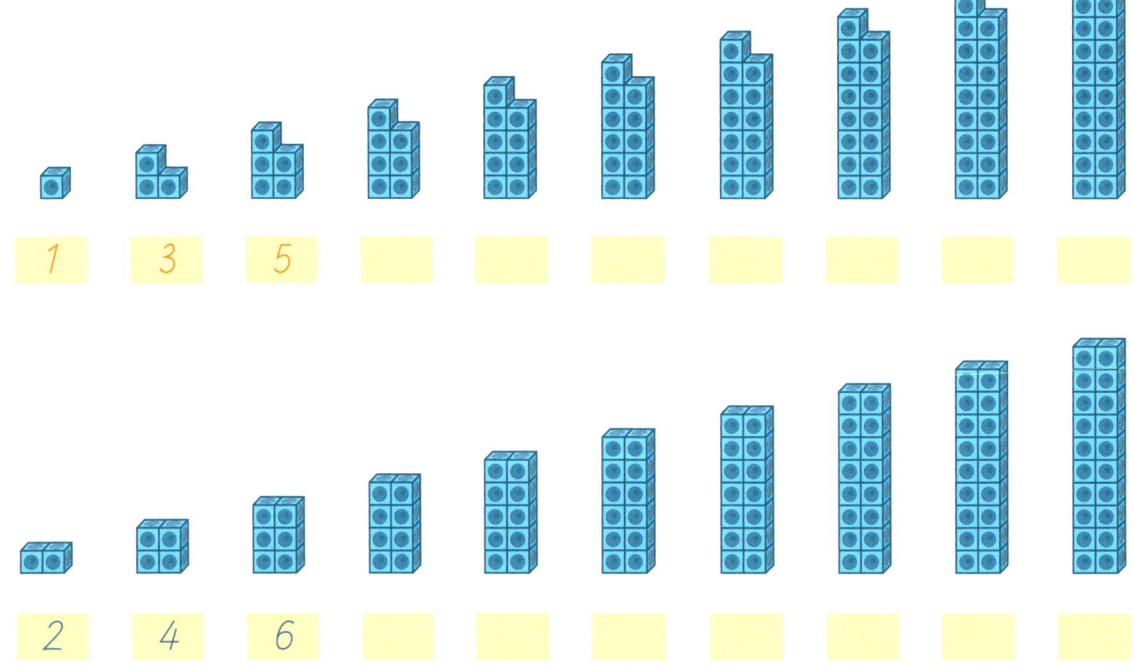

| 1 | 3 | 5 | | | | | | | |

| 2 | 4 | 6 | | | | | | | |

② Schreibe alle geraden Zahlen auf, die zwischen 7 und 17 liegen.

③ Schreibe alle ungeraden Zahlen auf, die zwischen 4 und 18 liegen.

1: Gerade und ungerade Anzahl erfassen, Zahlen zuordnen
2 und 3: Gerade und ungerade Zahlen finden
AH ▶ 41   TÜ ▶ 46

1 Berechne die Summen und Differenzen.
Ist das Ergebnis eine gerade Zahl, dann färbe sie orange.
Ist das Ergebnis eine ungerade Zahl, dann färbe sie blau.

4 + 4 =	5 + 2 =	7 + 3 =	5 + 4 =
7 + 2 =	8 + 0 =	10 + 2 =	11 + 3 =
10 + 3 =	12 + 8 =	13 + 5 =	15 + 2 =
18 − 7 =	20 − 6 =	19 − 5 =	13 − 3 =
16 − 5 =	15 − 3 =	14 − 3 =	17 − 2 =

2 Stimmt es, was die Kinder sagen? Überprüfe.

Die Summe aus zwei geraden Zahlen ist wieder eine gerade Zahl.

Die Summe aus einer geraden Zahl und einer ungeraden Zahl ist eine gerade Zahl.

Die Summe aus zwei ungeraden Zahlen ist eine gerade Zahl.

3 Schreibe alle geraden Zahlen bis 20 auf, die größer als 14 sind.

4 Schreibe alle ungeraden Zahlen auf, die kleiner als 11 und größer als 3 sind.

1. Welche Zahlen liegen zwischen 8 und 15?
2. Welche Zahlen sind größer als 15?
3. Welche Zahlen sind kleiner als 13?
4. Welche Zahlen sind kleiner als 11, aber größer als 6?

1: Summen und Differenzen berechnen, gerade und ungerade Zahlen erkennen   2: Aussage am Beispiel überprüfen
3 und 4: Gerade und ungerade Zahlen ermitteln und aufschreiben   W: Begriffssicherheit schaffen
AH ▶ 41 TÜ ▶ 46

83

1 Welche Frage passt zu welchem Text? Ordne zu.

Im Regal stehen 6 Flaschen Saft. Die Verkäuferin stellt 4 Flaschen dazu. ① — Ⓐ Wie viel muss Frau Fröhlich bezahlen?

Frau Fröhlich kauft für 4 € Obst, für 3 € Wurst und für 2 € Kuchen. ② — Ⓑ Wie viele Leute arbeiten im Kaufmarkt?

Im Kaufmarkt arbeiten 5 Frauen und 2 Männer. ③ — Ⓒ Wie viele Flaschen Saft stehen im Regal?

2 Nur zwei Fragen passen zum Text. Welche sind es?

An der Kasse 1 stehen 6 Leute. An der Kasse 2 stehen vier Leute mehr als an der Kasse 1.

Wie viele Leute stehen an der Kasse 2? Ⓐ   Ⓑ Wie viele Männer stehen an den Kassen?

Stehen mehr Frauen oder mehr Männer an den Kassen? Ⓒ   Ⓓ Wie viele Leute stehen insgesamt an den Kassen?

1: Texte lesen und Sachverhalt erfassen, Fragen lesen und Inhalt erfassen, Fragen den Texten zuordnen
2: Text lesen und Inhalt erfassen, Fragen A bis D lesen, die sinnadäquaten Fragen zuordnen

AH ▸ 42   TÜ ▸ 47

① Die Geisterbahn hat 20 Wagen. In 8 Wagen sitzen Kinder.

② In einer Gondel des kleinen Riesenrades können 2 Kinder sitzen.
Es sind vier Gondeln besetzt.

○ Wonach kannst du fragen?
○ Setze Zahlen und Rechenzeichen
  ein und rechne.
○ Beantworte deine Frage.

③ Nina und Toni haben zusammen 20 € mitgebracht. Davon haben
sie schon 9 € ausgegeben.

4 Lena hat für den Besuch auf dem Rummel 8 € aus der Sparbüchse
genommen. Von ihren Eltern hat sie noch 5 € erhalten.
Der Opa hat ihr 2 € geschenkt.

Kann ich das schon?

Summen und Differenzen bestimmen

①
13 + 6
10 + 9
14 + 0
3 + 17
5 + 15

②
17 − 7
14 − 3
19 − 5
15 − 0
20 − 10

③
2 ct + 8 ct
6 ct + 3 ct
4 € + 6 €
10 € − 5 €
9 € − 4 €

④
2 € + 7 €
10 € − 9 €
7 ct + 3 ct
10 ct − 10 ct
5 ct + 5 ct

⑤ Die Summanden heißen 11 und 9. Berechne die Summe.

⑥ Berechne die Differenz aus 19 und 7.

Aufgabenfamilien finden

⑦ Schreibe die Aufgabenfamilien auf und löse die Aufgaben.

3 6 9   **10 2 8**   **4 7 3**

Zahlen vergleichen

⑧ Setze das richtige Zeichen: < = > .

10 ⬤ 13	11 ⬤ 9	14 ⬤ 12	3 + 4 ⬤ 7	14 ⬤ 11 + 2
12 ⬤ 11	14 ⬤ 17	20 ⬤ 10	9 + 5 ⬤ 6	20 ⬤ 16 + 3

⑨ Vorgänger und Nachfolger bestimmen

V	Z	N
	15	
	17	
	10	
8		
		20

⑩ Figuren legen
Lege mit Plättchen.
Lege nur zwei um.

Finde weitere Figuren durch Umlegen von zwei .

Addieren und Subtrahieren

(1)

+	12	10	2	11
8				
5				
4				

−	6	8	5
19			
18			
20			

(2)

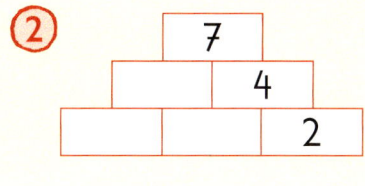

Das Doppelte und die Hälfte bestimmen

(3)

Zahl	1	3	5	10	2
Das Doppelte					

Zahl	8	4	10	6	2
Die Hälfte					

Gerade und ungerade Zahlen suchen

(4) Welche geraden Zahlen liegen zwischen 8 und 18?

(5) Welche ungeraden Zahlen liegen zwischen 19 und 10?

Zahlen ordnen

(6) Ordne die Zahlen.

Beginne mit der kleinsten Zahl.   Beginne mit der größten Zahl.

12 7 19 3 15 20
14 11 4 9 16 0 18 5

18 11 6 8 1 17
20 15 3 4 13 16

Addieren und Subtrahieren mit drei Zahlen

(7)

5 + 3 + 0 =	10 − 5 − 3 =	10 − 7 − 3 =
2 + 4 + 3 =	7 − 0 − 4 =	3 + 6 − 5 =
3 + 5 + 1 =	9 − 4 − 2 =	6 − 6 + 3 =
4 + 0 + 4 =	8 − 1 − 7 =	5 + 2 − 5 =

8 9 9
8 2 3
3 0 0
4 3 2

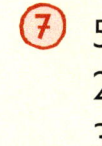

Dreieck, Viereck, Kreis

> Ich kann mit meinem Würfel Vierecke eindrücken.

Dreiecke	Vierecke	Kreise

---

① Lege nach und zähle.

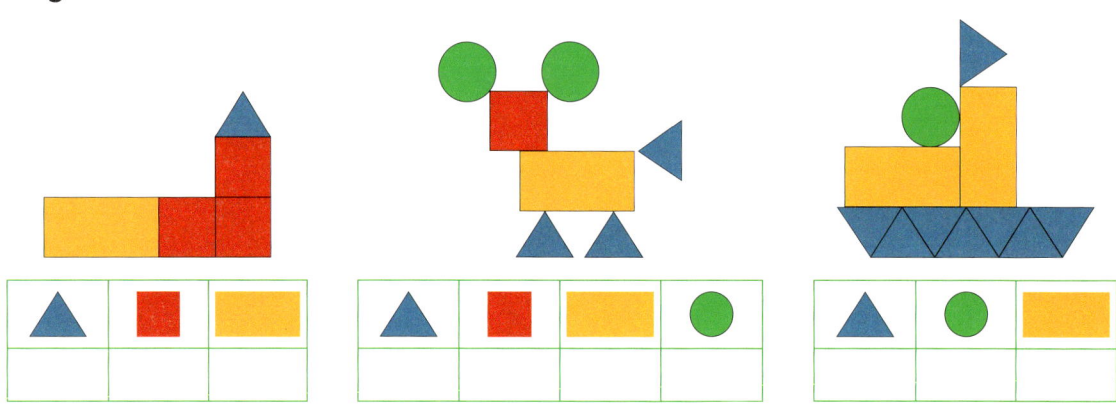

Wie viele Dreiecke und Vierecke entdeckst du?

Bild: Erkennen, welcher Körper welchen Abdruck der Fläche hinterlässt
1: Nachlegen und Bestimmen der Anzahl der jeweiligen Fläche   2 und 3: Erkennen von Dreiecken und Vierecken, Anzahl angeben
AH ⊙ 43–44   TÜ ⊙ 48

① Lege mit Stäbchen.

② Lege die Muster und setze sie fort.
Erfinde selbst Muster.

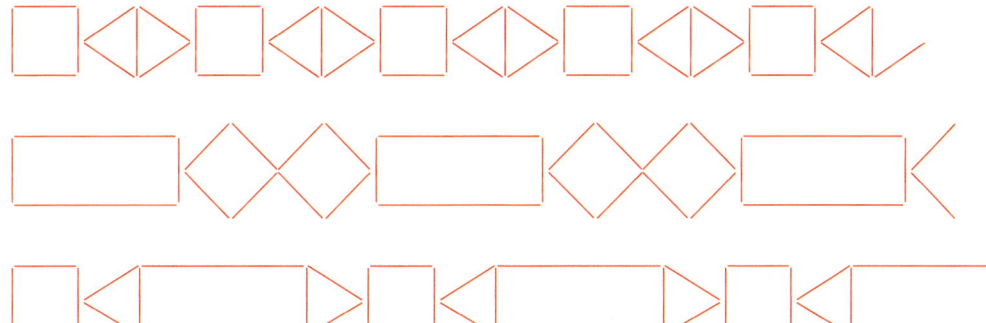

3 Lege die Ausgangsfiguren.
Lege 4 Stäbchen um.   Lege 3 Stäbchen um.

  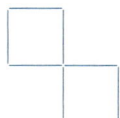   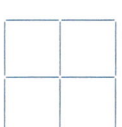  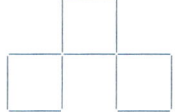

1: Gegebene Figur mit Stäbchen nachlegen   2: Muster nach- und weiterlegen, Muster erfinden
3: Durch Umlegen der vorgegebenen Anzahl von Stäbchen die gegebene Figur legen
AH ● 43–44   TÜ ● 48

89

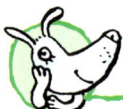

Figuren auslegen

①

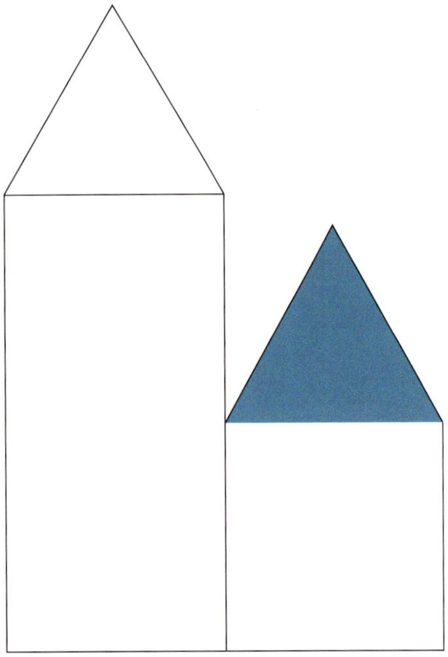

②

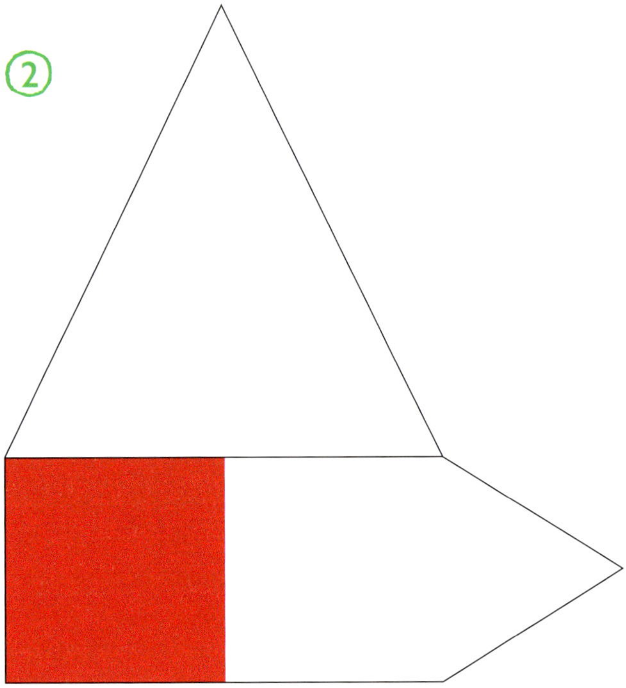

③

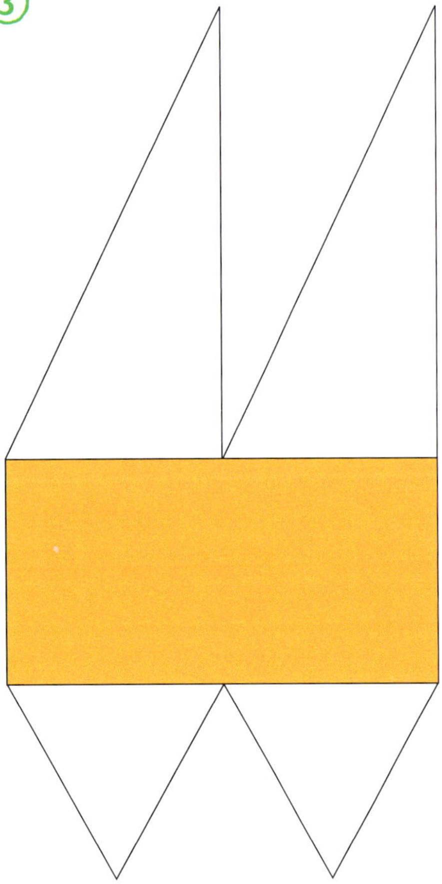

4

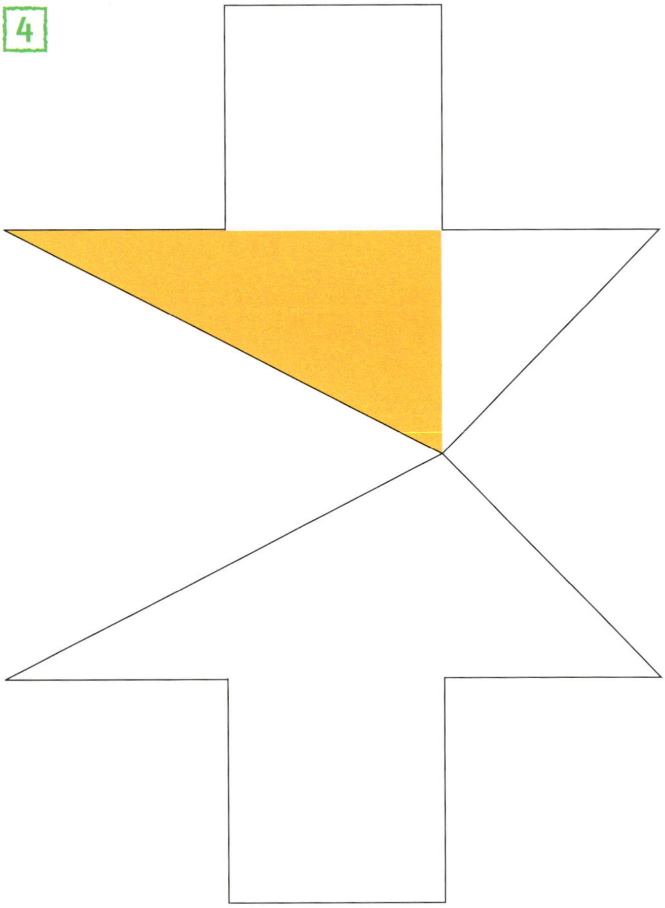

1 bis 4: Mit Plättchen auslegen, verschiedene Möglichkeiten vorstellen

Lege Figuren mit der angegebenen Anzahl von Plättchen.

①

▲	■	▮
2	2	1

②

▲	■	▮	▲
2	1	1	3

③

●	▮	■	▲	▲
2	2	3	2	1

④

◢	▮	▲	■
4	2	6	2

⑤

■	▮	●	◢
2	1	2	2

⑥

▮	▲	●	▲
3	4	4	2

⑦ Lege die Muster weiter. Erfinde andere Muster.

1 bis 6: Figuren mit der angegebenen Anzahl von Plättchen legen, verschiedene Möglichkeiten zeigen
7: Muster weiterführen, eigene Muster erfinden
AH ▶ 45

91

 # Falten und Muster legen

(1) Falte so: Zeige Dreiecke und Vierecke.

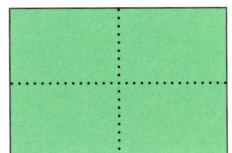 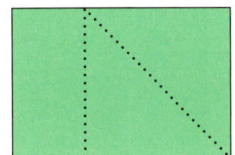 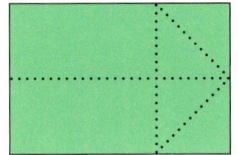 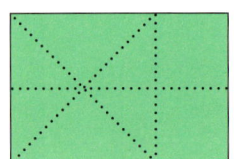

(2) Falte, schneide und lege Muster.

(3) Falte eine Katze.

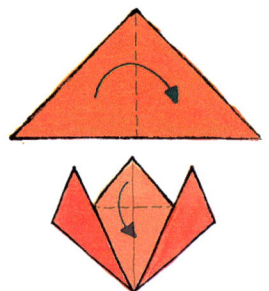 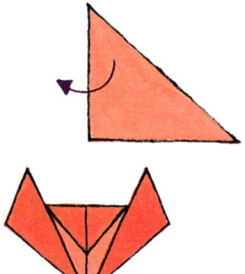 

1: Falten und Entdecken von Dreiecken und Vierecken   2: Falten, schneiden und Muster nachlegen, eigene Muster finden
3: Falten einer Katze aus einem Quadrat
AH ▶ 45

① Spanne diese Figuren. Wie heißen sie?

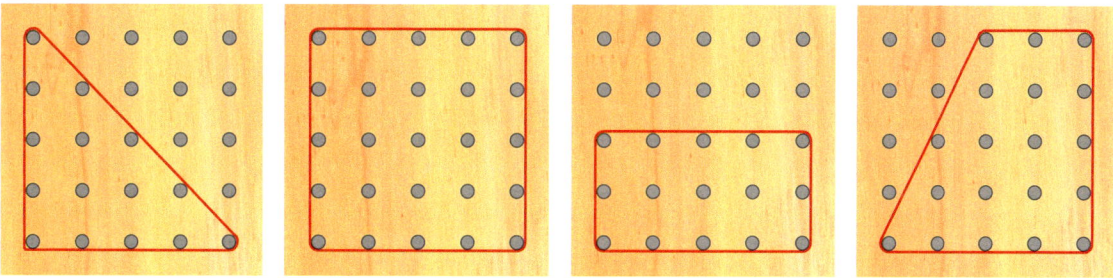

② Spanne andere Dreiecke und Vierecke.

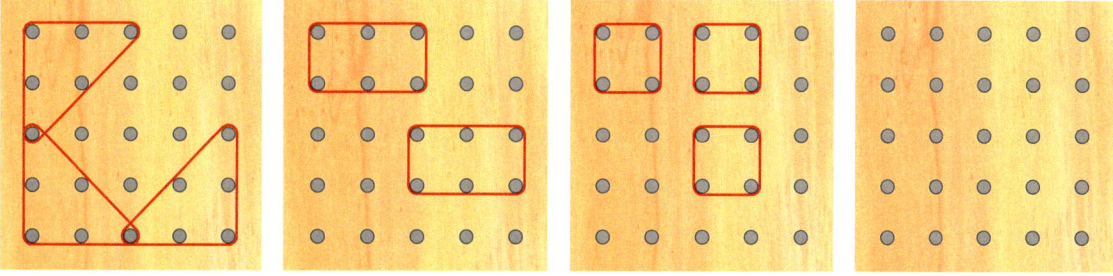

③ Spanne diese Figuren.

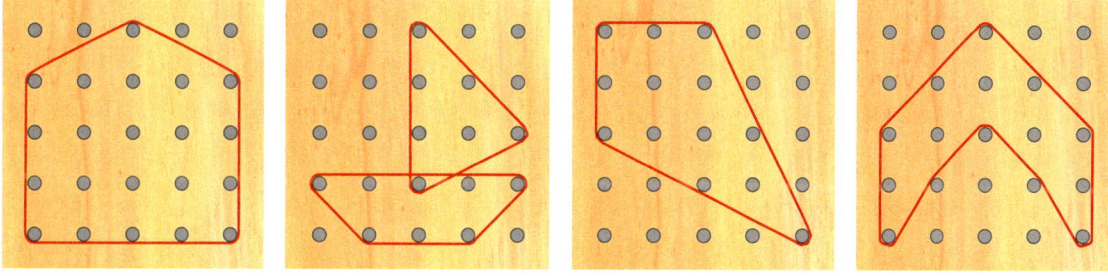

④ Erfinde eigene Figuren.

⑤ Spanne eigene Figuren und zeichne sie.

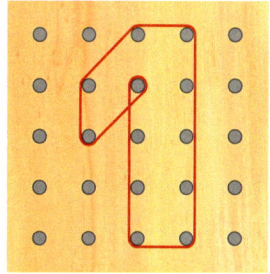  

1: Dreiecke und Vierecke spannen und wiedererkennen   2 bis 4: Figuren nachspannen und selbst erfinden
5: Eigene Figuren zeichnen

①

| | € | | € | | € | | € |

Lege mit Rechengeld. Finde verschiedene Möglichkeiten.

② 19 ct   14 ct   9 ct   12 ct   11 €   13 €   17 €   18 €   20 €

③ 6 € 15 ct   10 € 10 ct   15 € 5 ct   19 € 18 ct   17 € 9 ct

④
8 € + 2 € = ▢ €   13 ct + 6 ct = ▢ ct   14 € − 3 € = ▢ €
5 € + 4 € = ▢ €   17 ct + 2 ct = ▢ ct   19 € − 9 € = ▢ €
11 € + 8 € = ▢ €   20 € − 7 € = ▢ €   18 ct − 5 ct = ▢ ct

⑤
10 € + 3 € + 6 € = ▢ €   17 ct − 7 ct − 5 ct = ▢ ct
20 € − 5 € − 3 € = ▢ €   10 ct + 8 ct − 4 ct = ▢ ct
18 ct − 8 ct − 2 ct = ▢ ct   14 ct − 2 ct + 6 ct = ▢ ct

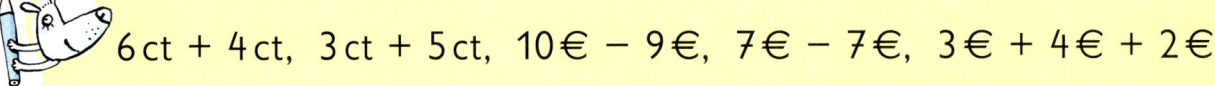

6 ct + 4 ct,   3 ct + 5 ct,   10 € − 9 €,   7 € − 7 €,   3 € + 4 € + 2 €

94

1: Summen bestimmen   2 und 3: Beträge mit Rechengeld legen
4 und 5: Summen und Differenzen berechnen
AH ▶ 46–47   TÜ ▶ 49

①

Ich kaufe	Das kostet	Ich gebe	Ich bekomme zurück
(Auto)	5 € + Münzen	10 €	10 € − 9 € = ☐ €
(Bär)	5 € + Münzen	20 €	☐ € − ☐ € = ☐ €
(Stifte)	5 € + Münzen	5 € + 5 €	☐ € − ☐ € = ☐ €
(Zug)	Münzen	20 €	☐ € − ☐ € = ☐ €

② Wer hat mehr Geld? Rechne und vergleiche.

Tom:  oder Lisa:

5 € + 5 € + 2 € = ☐ €   ☐ € + 2 € + 2 € = ☐ €

Maria:  oder Ben:

☐ € + ☐ € + ☐ € = ☐ €   ☐ € + ☐ € + ☐ € = ☐ €

3 Lisa hat für 6 € eingekauft. Sie bezahlt mit:
Welche Geldrückgaben sind richtig?

1: Subtraktionsaufgaben finden und lösen   2: Additionsaufgaben bilden und lösen, Geldbeträge vergleichen
3: Differenz berechnen, vergleichen und entscheiden
AH ▸ 46–47   TÜ ▸ 49

95

Addieren mit Zehnerübergang

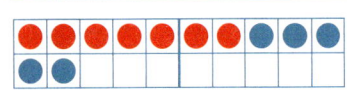 $7 + 5 = \boxed{}$

Rechne so:
- ○ Zerlege die zweite Zahl.
- ○ Ergänze zum Zehner.
- ○ Addiere den Rest.

Schreibe so:

$\underline{7 + 5}$
$7 + 3 = 10$
$10 + 2 = 12$
$\underline{7 + 5 = 12}$

Zwei Sprünge am Zahlenstrahl.

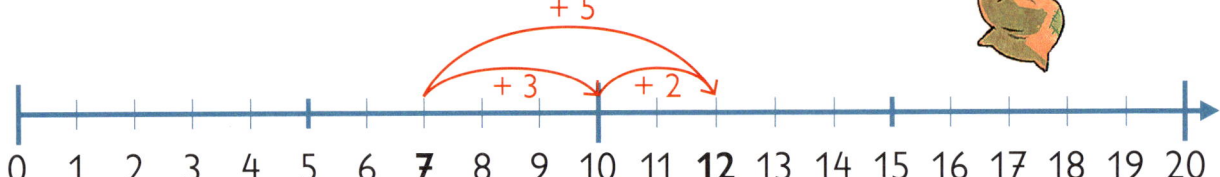

① Lege die Aufgaben mit Plättchen. Rechne dann.

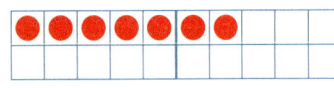 

$9 + 5$	$6 + 6$	$8 + 7$
$9 + \boxed{} = \boxed{}$	$6 + \boxed{} = \boxed{}$	$8 + \boxed{} = \boxed{}$
$\boxed{} + 4 = \boxed{}$	$\boxed{} + \boxed{} = \boxed{}$	$\boxed{} + \boxed{} = \boxed{}$
$9 + 5 = \boxed{}$	$6 + 6 = \boxed{}$	$8 + 7 = \boxed{}$

1. $6 + 4$ 2. $2 + 8$ 3. $9 + 1$ 4. $4 + 6$ 5. $1 + 9$
   $3 + 7$ $8 + 2$ $5 + 5$ $4 + 4$ $7 + 3$

1: Aufgaben im Zwanzigerfeld legen, Rechenschritte kommentieren
AH ▶ 48   TÜ ▶ 50.

① Welche Aufgabe gehört dazu? Schreibe sie auf und löse sie.

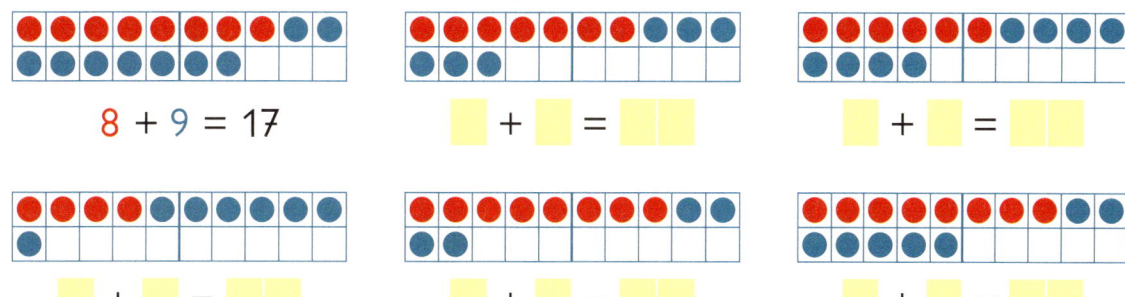

$8 + 9 = 17$　　　☐ + ☐ = ☐☐　　　☐ + ☐ = ☐☐

☐ + ☐ = ☐☐　　　☐ + ☐ = ☐☐　　　☐ + ☐ = ☐☐

②
$7 + 5 = $ ☐☐　　$6 + 5 = $ ☐☐　　$5 + 6 = $ ☐☐　　$6 + 8 = $ ☐☐

$6 + 7 = $ ☐☐　　$9 + 4 = $ ☐☐　　$7 + 7 = $ ☐☐　　$9 + 8 = $ ☐☐

$9 + 2 = $ ☐☐　　$4 + 7 = $ ☐☐　　$9 + 6 = $ ☐☐　　$8 + 4 = $ ☐☐

③ Tom hat seine Rechnung so aufgeschrieben: Erkläre seinen Rechenweg.

$7 + 5 = $	$7 + 3 + 2$
$7 + 5 = 10 + 2$	
$7 + 5 = 12$	

④ Rechne wie Tom.

$8 + 3 =$ 　$8 + 2 + 1$　　　$9 + 7 =$ 　$9 + 1 +$ ☐

$8 + 3 =$ 　$10 +$ ☐　　　$9 + 7 =$ ☐☐ $+$ ☐

$8 + 3 =$ ☐☐　　　　　　　$9 + 7 =$ ☐☐

$9 + 3 = 12$

$3 + 9 = 12$

Die **Summanden** kannst
du vertauschen.
$9 + 3 = 12$
$3 + 9 = 12$

⑤ Rechne. Vertausche die Summanden. Vergleiche die Ergebnisse.

$8 + 4 = 12$　　$7 + 9$　　$5 + 7$　　$6 + 8$　　13 16 13

$4 + 8 = 12$　　$4 + 9$　　$6 + 7$　　$8 + 8$　　12 14 16

1: Additionsaufgaben zu den Punktbildern finden und lösen, Lösung kommentieren
2 bis 4: Additionsaufgaben lösen 5: Summanden vertauschen und Lösungen vergleichen
AH ● 48　TÜ ● 50

97

Subtrahieren mit Zehnerübergang

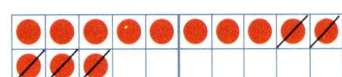 $13 - 5 = \boxed{}$

> Zwei Sprünge rückwärts am Zahlenstrahl.

Rechne so:
- ○ Zerlege die zweite Zahl.
- ○ Subtrahiere zum Zehner.
- ○ Subtrahiere den Rest.

Schreibe so:

13 – 5
$13 - 3 = 10$
$10 - 2 = 8$
13 – 5 = 8

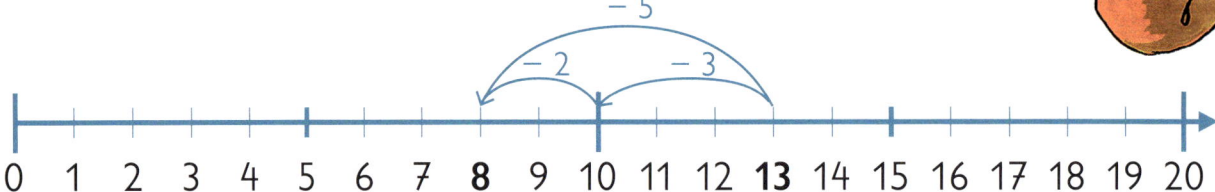

① Lege die Aufgaben mit Plättchen. Rechne dann.

$13 - 6 = \boxed{}$

$14 - 6$	$12 - 5$	$11 - 3$
$14 - 4 = 10$	$12 - \boxed{} = 10$	$11 - \boxed{} = \boxed{}$
$10 - \boxed{} = \boxed{}$	$10 - \boxed{} = \boxed{}$	$\boxed{} - \boxed{} = \boxed{}$
$14 - 6 = \boxed{}$	$12 - 5 = \boxed{}$	$11 - 3 = \boxed{}$

1. $18 - 8$	2. $19 - 9$	3. $16 - 6$	4. $17 - 7$	5. $12 - 2$
$14 - 4$	$11 - 1$	$15 - 5$	$13 - 3$	$10 - 0$

1: Aufgaben legen, Rechenschritte kommentieren   W Subtraktion festigen
AH ● 49   TÜ ● 51

① Welche Aufgabe gehört dazu? Schreibe sie auf und löse sie.

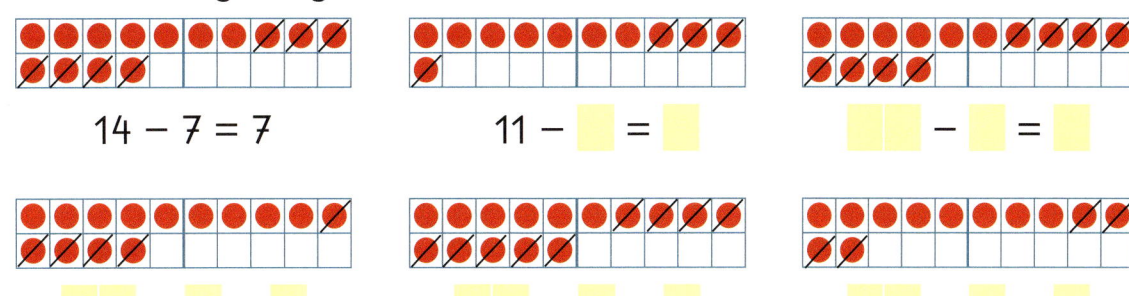

$14 - 7 = 7$ $11 - \boxed{} = \boxed{}$ $\boxed{}\boxed{} - \boxed{} = \boxed{}$

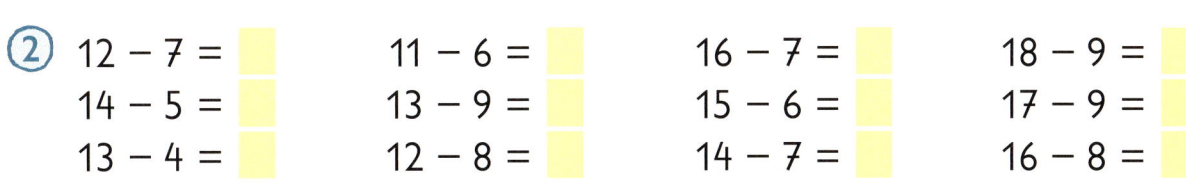

$\boxed{}\boxed{} - \boxed{} = \boxed{}$ $\boxed{}\boxed{} - \boxed{} = \boxed{}$ $\boxed{}\boxed{} - \boxed{} = \boxed{}$

②

$12 - 7 = \boxed{}$	$11 - 6 = \boxed{}$	$16 - 7 = \boxed{}$	$18 - 9 = \boxed{}$
$14 - 5 = \boxed{}$	$13 - 9 = \boxed{}$	$15 - 6 = \boxed{}$	$17 - 9 = \boxed{}$
$13 - 4 = \boxed{}$	$12 - 8 = \boxed{}$	$14 - 7 = \boxed{}$	$16 - 8 = \boxed{}$

③ Lisa hat ihre Rechnung so aufgeschrieben.
Erkläre ihren Rechenweg.

1	2	−	8	=	1	2	−	2	−	6
1	2	−	8	=	1	0	−	6		
1	2	−	8	=		4				

④ Rechne wie Lisa.

$12 - 5 = 12 - 2 - 3$
$12 - 5 = 10 - \boxed{}$
$12 - 5 = \boxed{}$

$15 - 7 = 15 - \boxed{} - \boxed{}$
$15 - 7 = 10 - \boxed{}$
$15 - 7 = \boxed{}$

⑤ Berechne die Differenz aus den Zahlen 16 und 9.

⑥ Wahr **w** oder falsch **f** ?

$13 - 9 < 6$ **w** **f** $9 > 11 - 3$ **w** **f** $9 + 4 = 7 + 5$ **w** **f**

1. Berechne die Summe aus 15 und 4.
2. Berechne die Differenz aus 15 und 4.

1: Aufgaben den Punktbildern zuordnen und lösen   2: Subtrahieren   3 und 4: Rechenweg erfassen und anwenden
5: Begriff „Differenz" verstehen   6: Aussagen begründen   W: 1 und 2: Begriffe in Rechenzeichen umsetzen
AH ▶49   TÜ ▶51

99

Addieren und Subtrahieren mit Zehnerüberschreitung

Wie andere Kinder rechnen

$$8 + 6 = 14$$

Erster Summand -1
Zweiter Summand $+1$

Anna rechnet:

$8 + 8 = 16$, dann -2
$16 - 2 = 14$
Also ist
$8 + 6 = 14$.

Max rechnet:

$7 + 7 = 14$
Also ist
$8 + 6 = 14$.

① Rechne wie du möchtest. $7 + 5 =$ ☐☐ $\quad 9 + 8 =$ ☐☐ $\quad 5 + 8 =$ ☐☐

② Rechne vorteilhaft.

So geht es leichter:
$6 + 10 - 1$

$6 + 9$	$15 - 9$
$4 + 9$	$13 - 9$
$7 + 9$	$16 - 9$
$9 + 5$	$12 - 9$
$9 + 8$	$14 - 9$

Rechne so:
$15 - 10 + 1$

③ Bilde Aufgabenfamilien.

9 7 16

8 5 13

$9 + 7 = 16 \qquad 16 - 9 =$ ☐
$7 +$ ☐ $=$ ☐☐ $\qquad 16 -$ ☐ $=$ ☐

☐ $+$ ☐ $=$ ☐☐ $\qquad$ ☐☐ $-$ ☐ $=$ ☐
☐ $+$ ☐ $=$ ☐☐ $\qquad$ ☐☐ $-$ ☐ $=$ ☐

6 8 14

9 13 4

15 7 8

④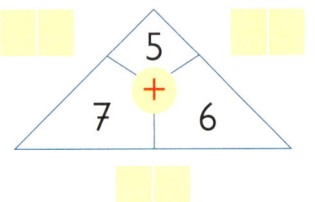

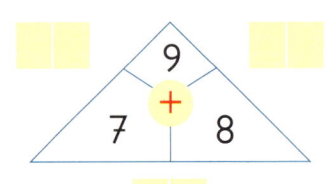

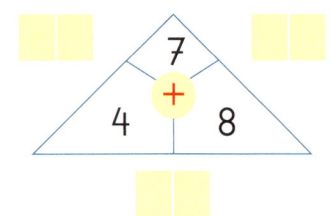

1: Addieren nach selbst gewähltem Rechenweg 2: Rechenvorteil erfassen und anwenden
3: Aufgabenfamilien finden 4: Platzhalter ermitteln
AH ▶ 50 TÜ ▶ 52–53

Wie andere Kinder rechnen

14 − 6 = 8

Von 14 auf dem Zahlenstrahl 6 Schritte zurück.

Mit Nachbaraufgaben rechnen.

Lisa rechnet:

Wenn   7 + 7 = 14,
dann ist 14 − 7 = 7
und   14 − 8 = 6.

Tom rechnet:

Also ist
14 − 6 = 8.

① Rechne wie du möchtest. 12 − 7 =   15 − 8 =   13 − 9 =

②

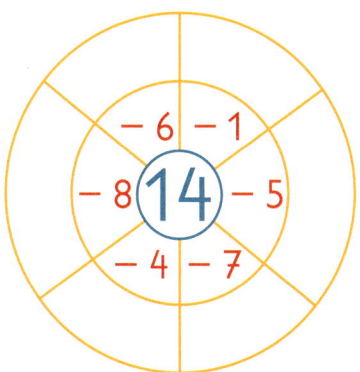

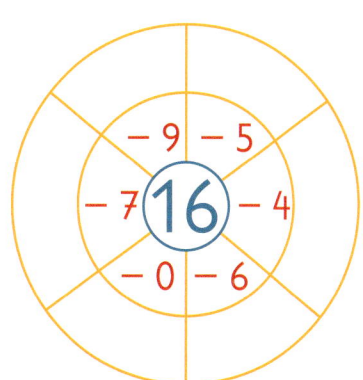

③

− 8 →	
13	
17	
11	
14	
16	

+ 9 →	
7	
4	
8	
11	
6	

− 4 →	
12	
14	
11	
	9
	8

④

8 ct + 7 ct =   ct
4 ct + 9 ct =   ct
16 ct − 8 ct =   ct
18 ct − 9 ct =   ct
20 ct − 7 ct =   ct
18 ct + 2 ct =   ct

⑤

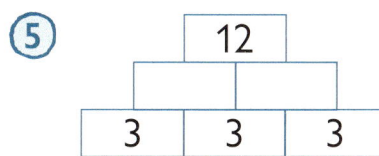

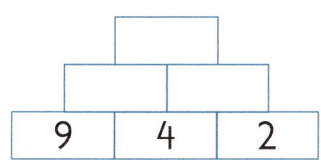

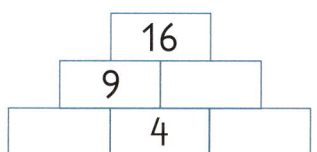

1: Subtrahieren nach selbst gewähltem Rechenweg   2 und 3: Rechnen nach Vorschrift
4: Summen und Differenzen von Geldbeträgen berechnen   5: Rechenmauern lösen

101

AH ● 50   TÜ ● 52–53

 ## Gleichungen und Ungleichungen

$8 + 4$ 12

$8 + 4 = 12$

12 $7 + 5$

$12 = 7 + 5$

①
$16 + 4 = \square$ $19 - 8 = \square$ $17 + \square = 20$

$9 + 8 = \square$ $16 - 7 = \square$ $14 + \square = 18$

$7 + 11 = \square$ $12 - 9 = \square$ $16 + \square = 19$

$5 + 9 = \square$ $18 - 8 = \square$ $19 - \square = 15$

$8 + 7 = \square$ $17 - 9 = \square$ $20 - \square = 17$

3	4	8
10	18	20
11	15	14
9	3	4
3	17	3

②
$\square + 14 = 19$ $16 = 13 + \square$ $\square = 6 + 11$

$\square + 11 = 20$ $20 = 12 + \square$ $\square = 10 + 10$

$\square + 3 = 16$ $17 = 20 - \square$ $\square = 9 + 4$

$\square - 6 = 14$ $14 = 20 - \square$ $\square = 12 - 6$

$\square - 4 = 15$ $11 = 17 - \square$ $\square = 20 - 8$

20	19	13
5	9	6	6
3	8	3	13
12	17	6	20

3   Wahr w oder falsch f ?
Überprüfe das Ergebnis mit der Umkehraufgabe.

$8 + 9 = 17$ w   f $14 - 9 = 6$ w   f $20 = 13 + 6$ w   f

$4 + 8 = 12$ w   f $15 - 7 = 8$ w   f $20 = 9 + 11$ w   f

1 und 2: Platzhalter mit Zahlen belegen   3: Umkehroperation zur Überprüfung anwenden
AH ▸ 51   TÜ ▸ 54

12

12 − 5

12 − 5

12

12 > 12 − 5

12 − 5 < 12

① Setze das richtige Zeichen:

< = >.

12 + 5 ◯ 19		11 + 2 ◯ 13	
6 + 11 ◯ 16		15 − 4 ◯ 12	
9 + 7 ◯ 20		19 − 5 ◯ 11	
10 + 4 ◯ 14		16 + 2 ◯ 19	
9 + 9 ◯ 18		13 + 7 ◯ 20	

② Welche Zahlen kannst du einsetzen?

13 + ▢ < 20		12 + ▢ > 15
17 + ▢ < 19		14 + ▢ > 18
12 + ▢ < 15		8 + ▢ > 13
16 − ▢ < 11		20 − ▢ > 17
19 − ▢ < 17		17 − ▢ > 11

1. Setze das richtige Zeichen: < = >.

7 ◯ 9   13 ◯ 11   16 ◯ 20   4 ◯ 4   17 ◯ 7   18 ◯ 18

2. 9 + 8   6 + 9   14 − 7   19 − 9   6 + 13   16 − 8

1: Relationszeichen eintragen   2: Platzhalter mit Zahlen belegen, die die Ungleichung erfüllen
W: 1: Zahlen vergleichen und Relationszeichen setzen   2: Addieren und Subtrahieren
AH ▶ 51   TÜ ▶ 54

103

Sachaufgaben – Fragen finden und beantworten

1 Die Klasse macht einen Ausflug.

Das sehe ich auf dem Bild:

☐ Kinder sind im Bus.

☐ Kinder stehen vor dem Bus.

Danach frage ich:

_____

So kann ich rechnen: ☐ ● ☐ = ☐☐
Das ist die Antwort auf die Frage:

_____

2 Auf einer Wiese sehen die Kinder Kühe, Pferde und Schafe.

Das sehe ich auf dem Bild:

☐ Kühe

☐ Pferde

☐ Schafe

Danach frage ich:

_____

So kann ich rechnen: ☐ ● ☐ ● ☐ = ☐☐
Das ist die Antwort auf die Frage:

_____

3 Wonach kannst du fragen? Antworte auf die Frage.

Ich kaufe 4 Gänse.

Ich kaufe 9 Gänse.

20 Gänse zu verkaufen

104

Im Regal stehen 7 Bücher. Tom stellt 9 Bücher dazu. Wie viele Bücher sind es insgesamt?

Ich unterstreiche im Text die wichtigsten Angaben.

Die Frage beantworte ich mit einem Satz.

Das steht in der Aufgabe:
7 Bücher stehen im Regal.
9 Bücher stellt Tom dazu.

Danach wird gefragt:
Wie viele Bücher sind es zusammen?

So kann ich rechnen:
7 + 9 = **16**

Das ist die Antwort auf die Frage:
Es sind zusammen **16** Bücher.

① Maria hat 17 Sticker. Sie verschenkt davon 8 Sticker. Wie viele Sticker hat sie dann noch?

Das steht in der Aufgabe:
☐ Sticker hat Maria.
☐ Sticker verschenkt sie.

Danach wird gefragt:
_____

So kann ich rechnen:
☐ ○ ☐ = ☐

Das ist die Antwort auf die Frage:
_____

(1) Wie viele verschiedene Türme kannst du bauen?
Lege die Möglichkeiten mit Plättchen.

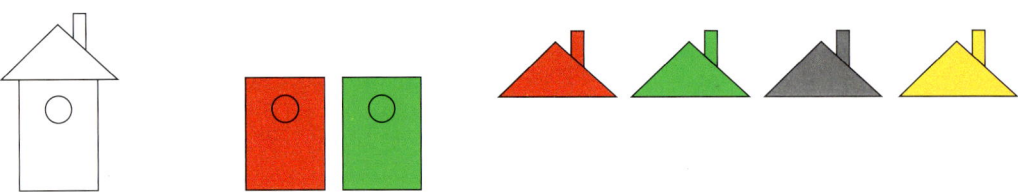

(2) Wie viele verschiedene Boote kannst du bauen?
Trage die Möglichkeiten in eine Tabelle ein.

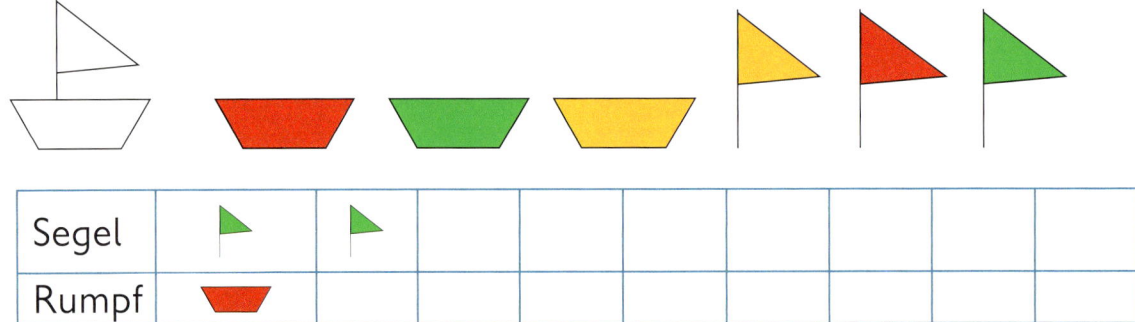

Segel	◢	◢							
Rumpf	▬								

3 Ben und Lisa legen mit ihren Ziffernkarten zweistellige Zahlen.
Welche Zahlen sind das? Schreibe alle auf.

(4) Welche Wörter sind in den Buchstabendreiecken versteckt?
Wie viele Möglichkeiten findest du, diese Wörter zu lesen?

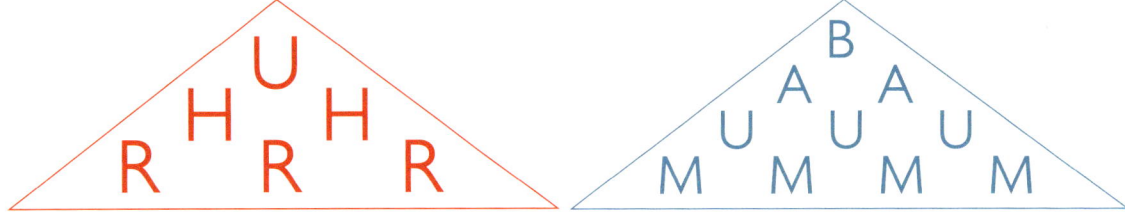

1 und 2: Alle Möglichkeiten durch Legen bzw. Eintragen in die Tabelle ermitteln   3: Alle Zahlen aufschreiben, Anzahl vergleichen
4: Wörter finden, Möglichkeiten des Lesens durch Linien einzeichnen

AH ▶ 53

1 Wie viele verschiedene Möglichkeiten hat Tom,
sich mit diesen 5 Kleidungsstücken umzuziehen?
Vervollständige die Tabelle.

👕	👕			
🩳				

2 Lege die Figuren mit 8 Dreiecken. Finde weitere Figuren.

3 Wie viele verschiedene Wege findest du,
um von der Schule zur Schwimmhalle zu kommen?
Zeichne die Wege mit verschiedenen Farben ein.

1: Kombinationsmöglichkeiten finden und in die Tabelle eintragen 2: Weitere Kombinationsmöglichkeiten mit 8 Dreiecken finden
3: Verschiedene Wege finden, Verlauf kennzeichnen und beschreiben
AH ❍ 53

107

Gekrümmte Linien	Gerade Linien (Geraden)

① Lege mit Fäden oder mit Stäbchen nach. Setze fort.

 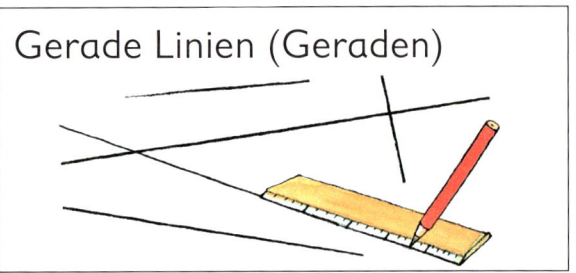

② Finde gekrümmte und gerade Linien.

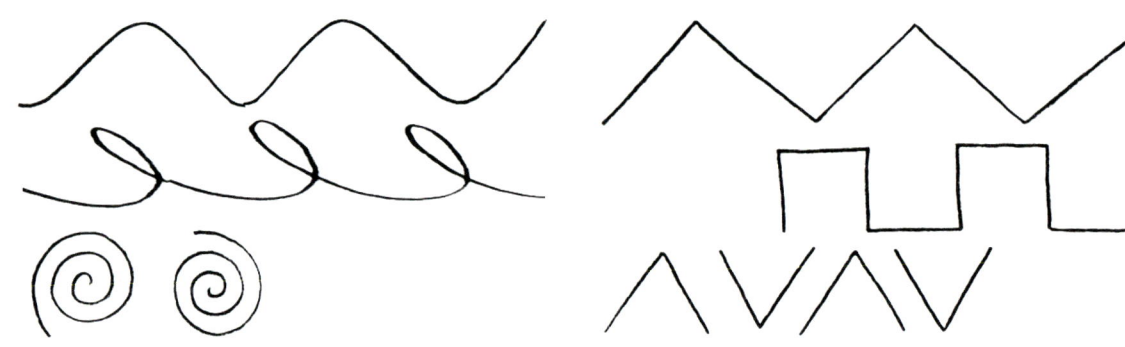

A D F G R M

1 8 4 7 2 5

Bild: Kennen lernen von gekrümmten und geraden Linien   1: Nachlegen mit Fäden oder Stäbchen
2: Erkennen und Zeigen von gekrümmten und geraden Linien (evtl. nachziehen)

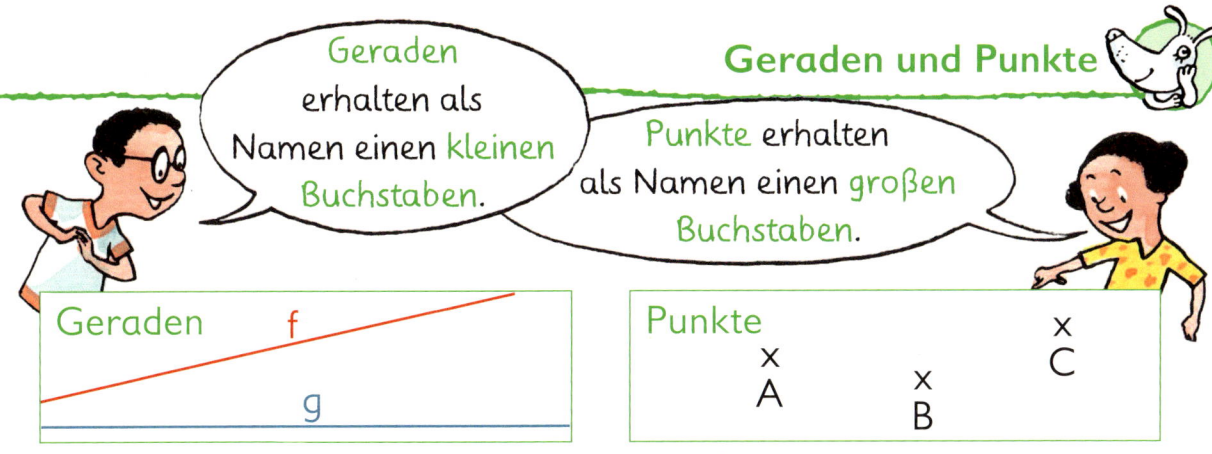

Geraden erhalten als Namen einen kleinen Buchstaben.

Punkte erhalten als Namen einen großen Buchstaben.

Geraden   f   g

Punkte   A   B   C

① Wo liegen die Punkte? Beschreibe ihre Lage.

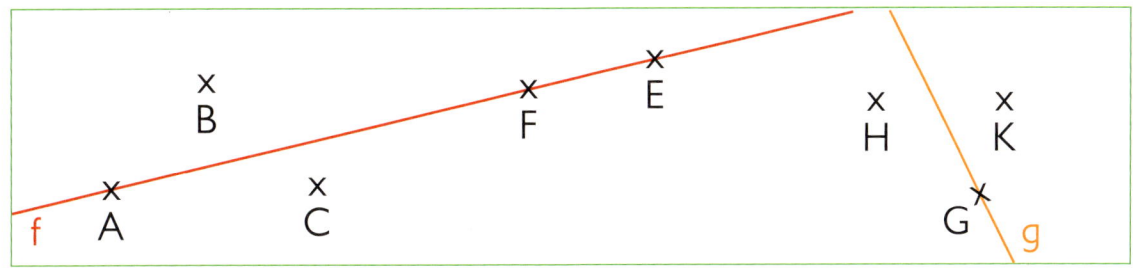

② Nenne 3 Punkte, die auf einer Geraden liegen.
Lege dazu das Lineal an.

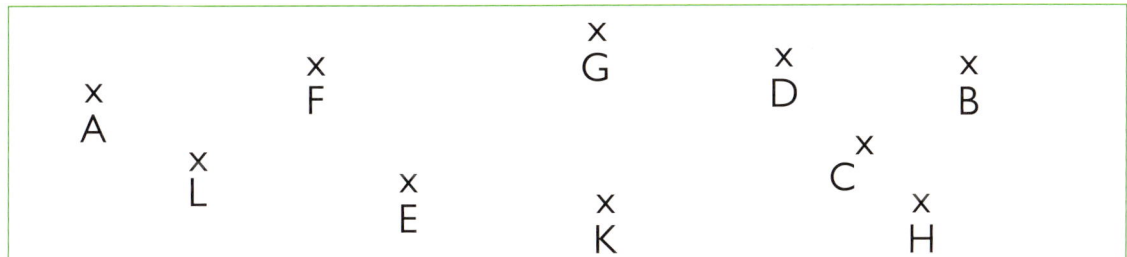

3 Wo könnten die Punkte liegen? Zeige.

C liegt auf der Geraden g zwischen A und B.
F liegt auf der Geraden g links von A.
K liegt über der Geraden g. D liegt unter der Geraden g.
H liegt auf der Geraden g rechts von B.

g   × A   × B

1: Lage der Punkte beschreiben   2: Jeweils drei Punkte nennen, die auf einer Geraden liegen, Lineal zur Kennzeichnung der Geraden nutzen
3: Lagebeziehungen angeben
TÜ ● 57

109

Strecken

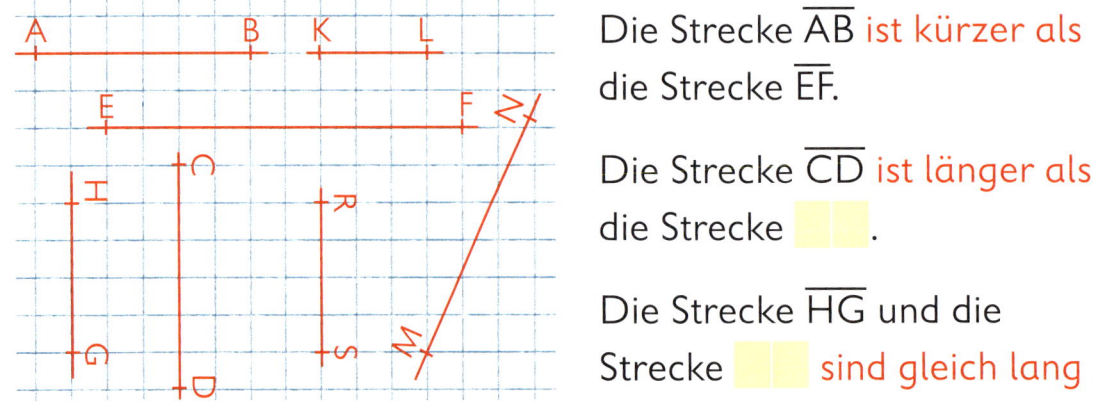

Eine Strecke hat einen Anfangspunkt und einen Endpunkt.

Strecken
O
U
T
S
A
B
H
I
Ihre Namen:
$\overline{AB}$
$\overline{OU}$
$\overline{HI}$
$\overline{ST}$

① Vergleiche die Länge der Strecken.

A
B
K
L
E
F
Z
C
H
R
G
S
W
D

Die Strecke $\overline{AB}$ ist kürzer als die Strecke $\overline{EF}$.

Die Strecke $\overline{CD}$ ist länger als die Strecke ____.

Die Strecke $\overline{HG}$ und die Strecke ____ sind gleich lang .

② Finde an den Dreiecken und Vierecken gleich lange Strecken.

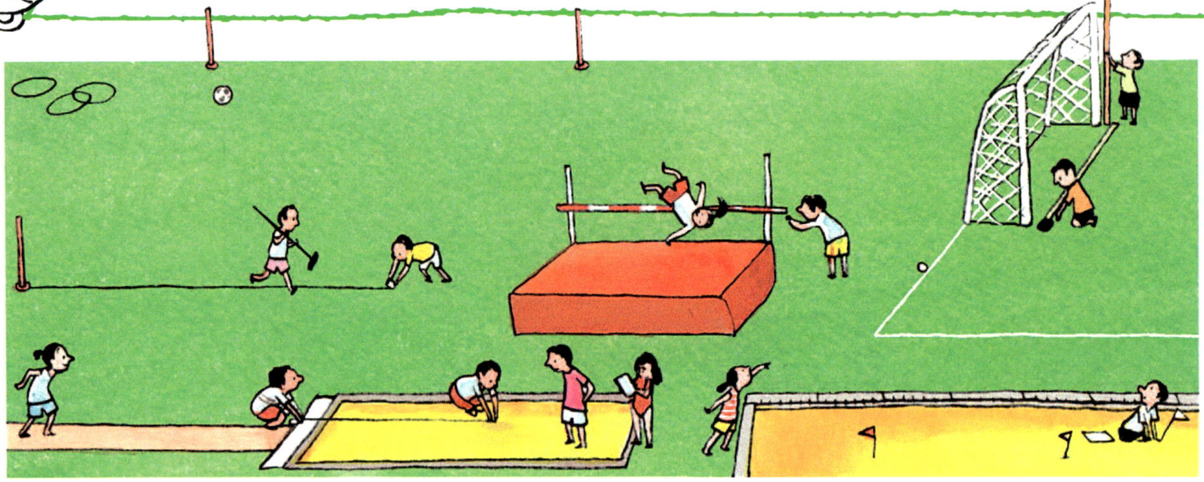

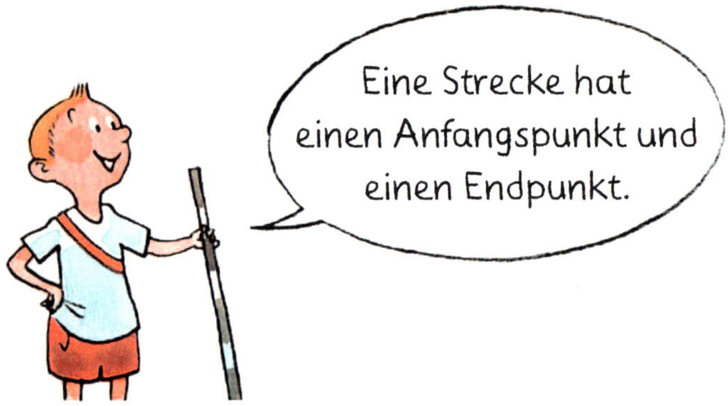

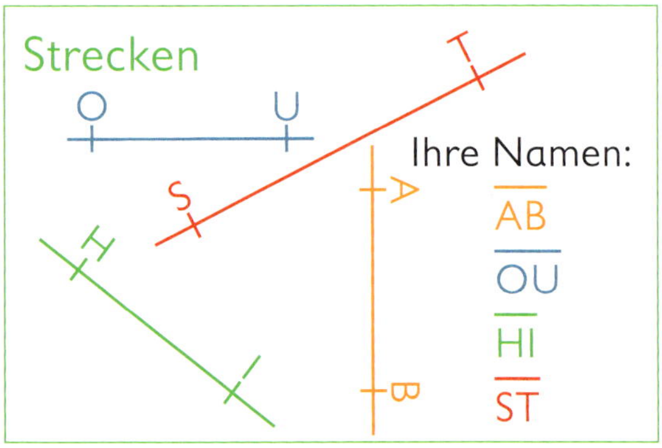

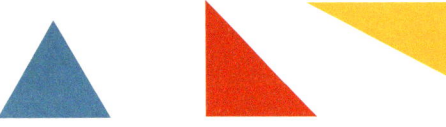

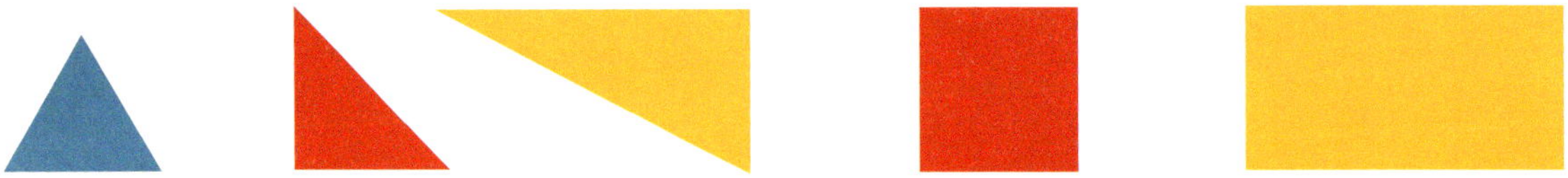

Bild: Strecken entdecken und inhaltlich erfassen, Eigenschaften von Strecken erkennen
1: Vergleichen der Länge der Strecken 2: Finden von gleich langen Strecken
AH 54 TÜ 57

(1) Wie viel Fuß sind es?

	geschätzt	gemessen
Breite der Tür	_____	_____
Breite des Schrankes	_____	_____

(2) Wie viele Fingerspannen sind es?

Breite des Schülertisches	_____	_____
Länge der Fensterbank	_____	_____

(3) Wie viele Daumenbreiten sind es?

Breite des Hausaufgabenheftes	_____	_____
Breite der Federmappe	_____	_____

(4) Vergleicht eure Ergebnisse miteinander. Was stellt ihr fest?

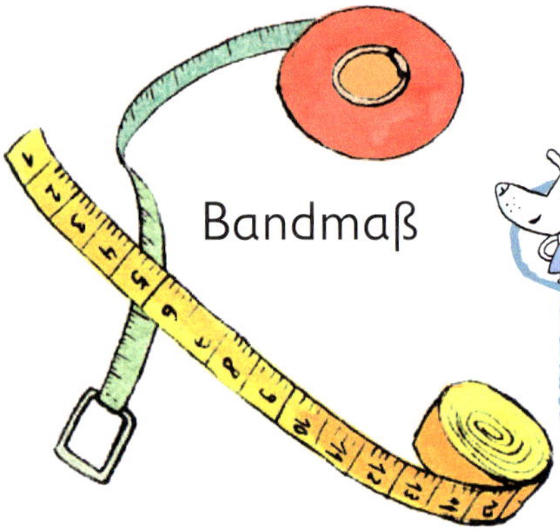

Zentimeter

Lineal
Gliedermaßstab
Maßband

1 Zentimeter
1 cm

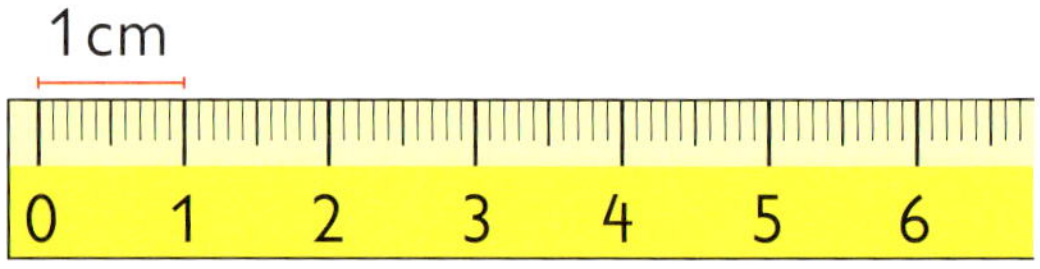

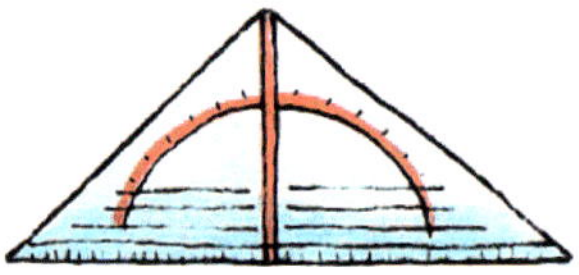

1 cm

Bandmaß

Du sprichst: ein Zentimeter
Du schreibst: 1 cm

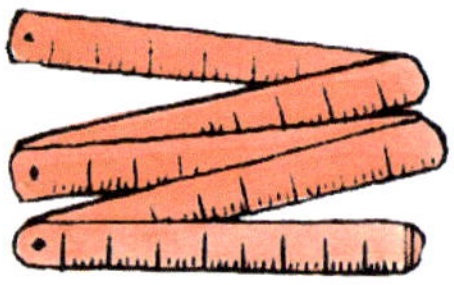

Geodreieck

Schneidermaßband

Zeichendreieck

Gliedermaßstab
(Zollstock)

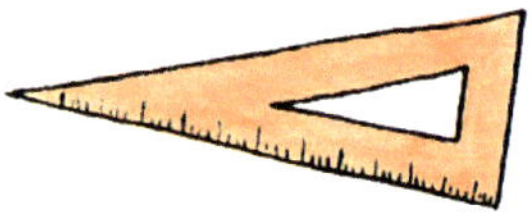

① Wie lang sind die Gegenstände? Schätze und miss nach.

KLEB-STIFT

1: Längen schätzen und messen
AH ▸ 54   TÜ ▸ 58

Schrittfolge beim Zeichnen einer Strecke:

1. Zeichne eine Gerade g.

2. Trage auf g den Punkt A an.

3. Lege das Lineal mit der Null am Punkt A an.

4. Miss 4 cm ab und trage den Punkt B an.

5. Schreibe $\overline{AB}$ = 4 cm.

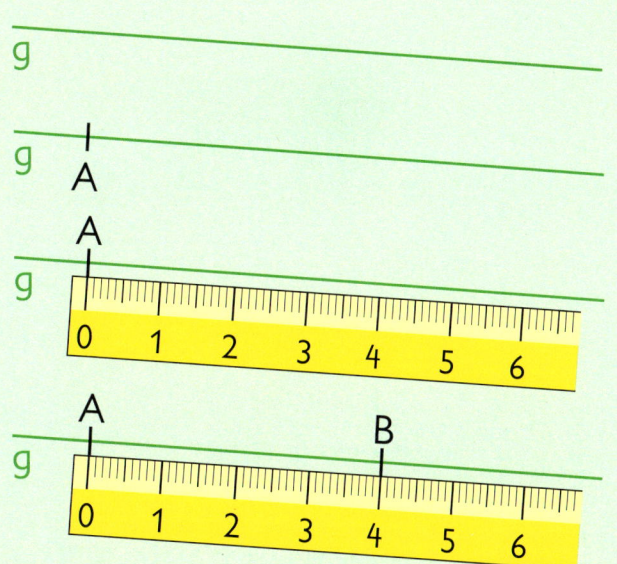

So kannst du eine Strecke $\overline{AB}$ = 4 cm zeichnen.

Zeichne Strecken.

 **①** $\overline{AB}$ = 6 cm

$\overline{EF}$ = 10 cm

$\overline{LM}$ = 3 cm

$\overline{MO}$ = 14 cm

② $\overline{AB}$ = 6 cm
Zeichne eine Strecke $\overline{GH}$, die doppelt so lang ist wie $\overline{AB}$.

$\overline{EF}$ = 10 cm
Zeichne eine Strecke $\overline{CD}$, die halb so lang ist wie $\overline{EF}$.

③ Zeichne eine Strecke $\overline{AB}$, die dreimal so lang ist wie die Strecke $\overline{CD}$ = 4 cm.

1. Was ist die Hälfte von 6, 8, 10, 12, 18?

2. Was ist das Doppelte von 2, 5, 7, 8, 10?

1: Strecken nach vorgegebener Längenangabe zeichnen, verschiedene Lagemöglichkeiten aufzeigen
2 und 3: Die Begriffe „doppelt", „halb" und „dreimal" verstehen und umsetzen   W: Halbieren und Verdoppeln wiederholen
AH ● 55   TÜ ● 58

113

Kann ich das schon?

① **Entscheide: länger als, kürzer als** oder **gleich lang.**

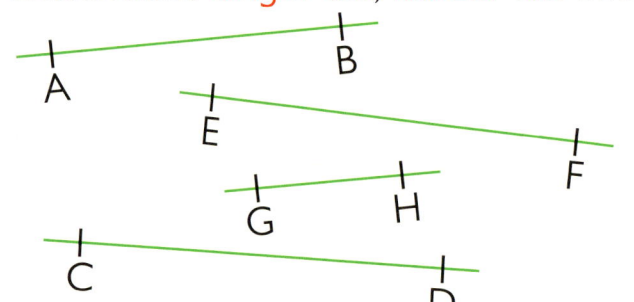

$\overline{CD}$ ist länger als ___ .

___ und ___ sind gleich lang.

___ ist kürzer als ___ .

②

Strecke	$\overline{AB}$	$\overline{BC}$	$\overline{CD}$	$\overline{DA}$
Länge	cm	cm	cm	cm

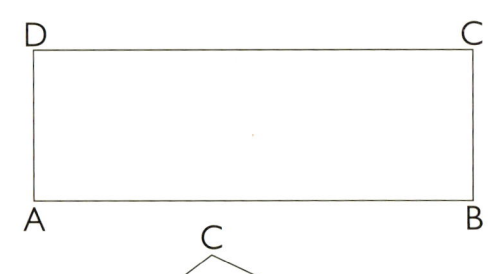

Strecke	$\overline{AB}$	$\overline{BC}$	$\overline{CA}$
Länge	cm	cm	cm

③
$9€ + 7€ = \boxed{}€$ $16€ - 6€ = \boxed{}€$ $12€ + \boxed{}€ = 20€$

$5€ + 8€ = \boxed{}€$ $14€ - 9€ = \boxed{}€$ $14€ - \boxed{}€ = 7€$

$6€ + 6€ = \boxed{}€$ $15€ - 7€ = \boxed{}€$ $13€ - \boxed{}€ = 10€$

④
$15\,ct = 10\,ct + \boxed{}\,ct$

$17\,ct = 9\,ct + \boxed{}\,ct$

$16\,ct = 8\,ct + \boxed{}\,ct$

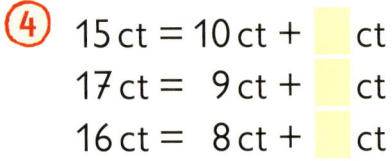

$5\,ct + 7\,ct + 6\,ct = \boxed{}\,ct$

$16\,ct - 8\,ct - 4\,ct = \boxed{}\,ct$

$20\,ct - 7\,ct - 9\,ct = \boxed{}\,ct$

⑤ **Setze das richtige Zeichen: < = >.**

$13 + 5 \bigcirc 19$ $12 + 4 \bigcirc 16$ $9 \bigcirc 15 - 7$ $7 + 9 \bigcirc 17$

⑥
$19 - 6 = \boxed{}$ $9 + 7 = \boxed{}$ $12 - 9 = \boxed{}$

$18 - 5 = \boxed{}$ $10 + 6 = \boxed{}$ $13 - 8 = \boxed{}$

$17 - 4 = \boxed{}$ $11 + 5 = \boxed{}$ $14 - 7 = \boxed{}$

$16 - \boxed{} = \boxed{}$ $12 + \boxed{} = \boxed{}$ $15 - \boxed{} = \boxed{}$

$15 - \boxed{} = \boxed{}$ $13 + \boxed{} = \boxed{}$ $16 - \boxed{} = \boxed{}$

13 13 13 13
13 16 16 16
16 16 3
5 7 9 11

① Zeichne eine Strecke $\overline{AB}$ = 6 cm.
Zeichne eine Strecke $\overline{EF}$, die doppelt so lang wie $\overline{AB}$ ist.

② Schreibe die Aufgabenfamilien auf.

③ Lisa hat 14 Märchenbücher. 6 Bücher hat sie an Freunde aus ihrer Klasse verborgt. Wie viele Bücher kann sie noch verborgen?

④ Ben hat 9 €. Er bekommt von seinem Opa 4 € geschenkt.
Wie viel Euro hat er nun?

⑤ Welche geraden Zahlen liegen zwischen den Zahlen 6 und 18?
Welche ungeraden Zahlen sind größer als 9 und kleiner als 17?

⑥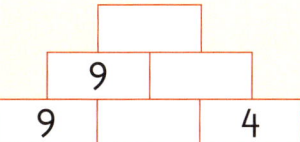

⑦

Wie viele △, □, ○ sind es?

⑧ Maria hat einen 10-Euro-Schein.
Tom hat drei 1-Euro-Stücke und vier 2-Euro-Stücke.
Wer hat mehr Geld?

Die Zehnerzahlen bis 100

	10
	$10 + 10 = 20$
	$20 + 10 = 30$
	$30 + 10 = 40$
	$40 + 10 = 50$
	$50 + 10 = 60$
	$60 + 10 = 70$
	$70 + 10 = 80$
	$80 + 10 = 90$
	$90 + 10 = 100$

10 20 30 40 50 60 70 80 90 100

$8 + 2 =$	$10 - 6 =$	$9 + 11 =$	$20 - 6 =$
$3 + 7 =$	$10 - 2 =$	$3 + 13 =$	$20 - 10 =$
$10 + 10 =$	$10 - 10 =$	$12 + 8 =$	$20 - 7 =$

Bild: Wiedererkennen von Zehnerzahlen in der Umwelt, Zahlen nennen, Hunderterfeld und Zehnerzahlen besprechen, Schreibweise der Zehnerzahlen demonstrieren   W: Addition und Subtraktion bis 10 und bis 20 wiederholen

AH ▶ 56   TÜ ▶ 59

① Ordne die richtigen Zehnerzahlen zu.

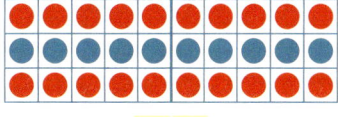 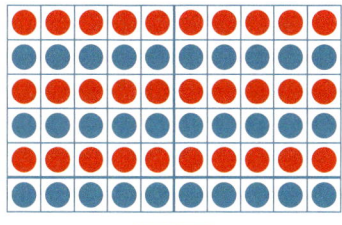 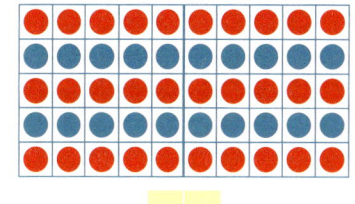

② Lege mit Zehnerstreifen.

40   20   80   50   70   30   100

③ Wie viele Würfel siehst du?

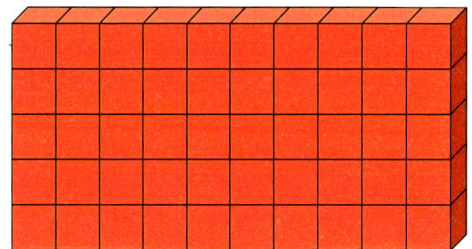 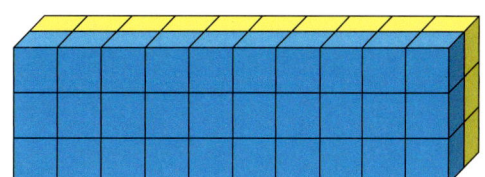

4 Wie viel Geld ist das?

5 Lege mit Rechengeld.

30 ct, 50 ct, 80 ct, 90 ct, 20 €, 50 €, 100 €, 80 €, 40 €, 10 €

⑥ Führe die Zahlenfolgen weiter.

10, 20, …, 100   100, 90, …, 30   20, 40, …, 100

1: Zehnerzahlen erfassen und zuordnen   2: Zahlen mit Zehnerstreifen darstellen   3: Zehneranordnung erkennen, Anzahl benennen
4: Summe bestimmen   5: Beträge legen, verschiedene Möglichkeiten zulassen   6: Regel der Zahlenfolge erfassen und vervollständigen
AH ▸ 56   TÜ ▸ 59

117

Vergleichen und Ordnen von Zehnerzahlen

$3 < 5$ $30 < 50$

(1) Vergleiche.

4 ⬤ 6	7 ⬤ 5	3 ⬤ 9	6 ⬤ 8	10 ⬤ 1
40 ⬤ 60	70 ⬤ 50	30 ⬤ 90	60 ⬤ 80	100 ⬤ 10

(2) Setze das richtige Zeichen: < = > .

60 ⬤ 90	50 ⬤ 40	30 ⬤ 40	60 ⬤ 60	90 ⬤ 20
100 ⬤ 10	70 ⬤ 70	80 ⬤ 40	20 ⬤ 50	70 ⬤ 90

(3) Ordne.
Beginne mit der **kleinsten** Zahl.   60, 90, 30, 50, 80, 100, 40
Beginne mit der **größten** Zahl.   70, 30, 90, 10, 40, 50, 60

4

Welche Zehnerzahlen sind kleiner als 50?

Welche Zehnerzahlen sind größer als 50?

Welche Zehnerzahlen liegen zwischen 20 und 50?

1. Vergleiche.
   7 ⬤ 4   16 ⬤ 19

2. Ordne. Beginne mit der größten Zahl.
   4, 12, 7, 9, 19, 5, 16, 20, 13, 2, 10

1 und 2: Zahlen vergleichen, Relationszeichen setzen   3: Zahlen nach Vorschrift ordnen   4: Zehnerzahlen nennen
W: 1: Vergleichen und Relationszeichen setzen   2: Zahlen nach Vorschrift ordnen
AH ◗ 56   TÜ ◗ 59

Da steckt die bekannte Aufgabe **5 + 3** drin.

Addieren
50 + 30
wenn 5 + 3 = 8
dann 50 + 30 = 80

Subtrahieren
80 − 30
wenn 8 − 3 = 5
dann 80 − 30 = 50

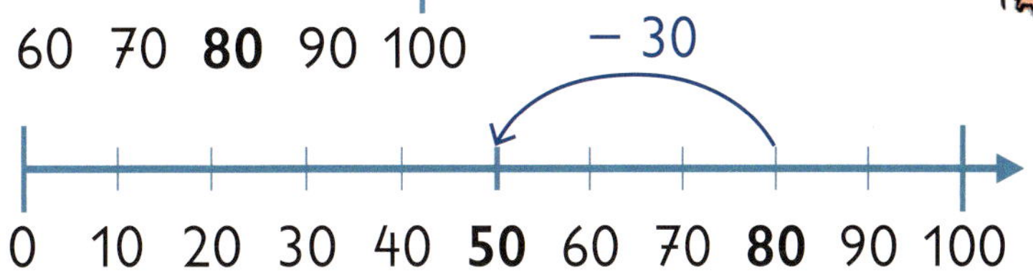

Hier steckt die bekannte Aufgabe **8 − 3** drin.

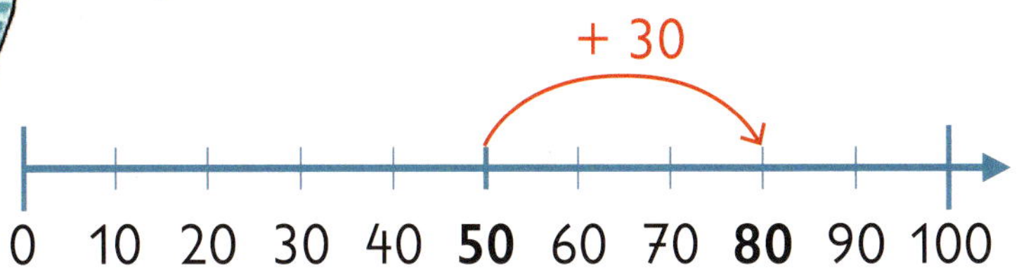

+ 30

0 10 20 30 40 **50** 60 70 **80** 90 100

− 30

0 10 20 30 40 **50** 60 70 **80** 90 100

① Löse erst die bekannte Aufgabe.

60 + 20	80 + 20	30 + 60	50 + 30
6 + 2 = ☐	8 + 2 = ☐☐	☐ + ☐ = ☐	☐ + ☐ = ☐
60 + 20 = ☐☐	80 + 20 = ☐☐	30 + 60 = ☐☐	50 + 30 = ☐☐

② Berechne die Summen und Differenzen.

40 + 10 = ☐☐   40 + 50 = ☐☐   80 − 30 = ☐☐

10 + 80 = ☐☐   90 − 60 = ☐☐   100 − 20 = ☐☐

③ Bilde Aufgabenfamilien.

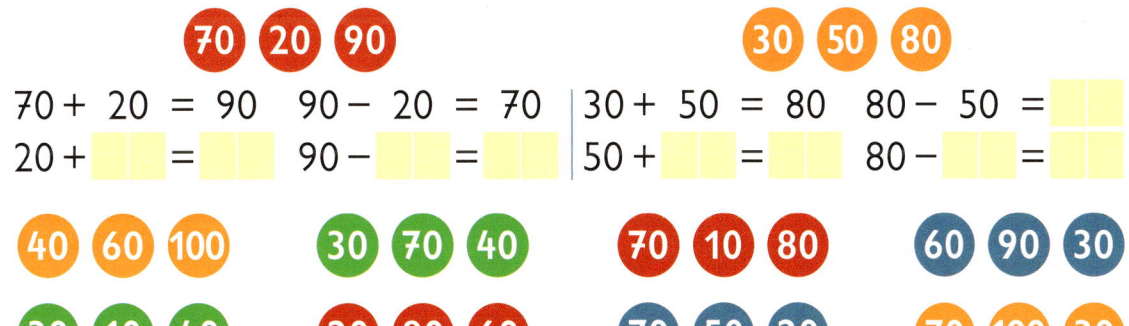

⑺⓪⑨⓪

70 + 20 = 90   90 − 20 = 70 | 30 + 50 = 80   80 − 50 = ☐☐

20 + ☐☐ = ☐☐   90 − ☐☐ = ☐☐ | 50 + ☐☐ = ☐☐   80 − ☐☐ = ☐☐

1: Bekannte Aufgaben lösen und Lösung übertragen
2: Begriffe „Summe" und „Differenz" verstehen, Aufgaben lösen   3: Aufgabenfamilien bilden
AH ▸ 57   TÜ ▸ 60

119

Alle Zahlen bis 100 – die Hundertertafel

$$30 + 5 = 35$$

① Zerlege in Zehner und Einer.

	Z	E
42	4	2
36		
27		
80		

	Z	E
69		
77		
91		
58		

② Wie heißt die Zahl?

	Z	E
	3	7
	5	9
	6	1
	2	8

	Z	E
	9	9
	6	0
	4	1
	8	3

③ Trage in eine Stellentafel ein: 15, 46, 99, 56, 19, 88, 71, 33, 68.

④ Nenne die Zahlen.

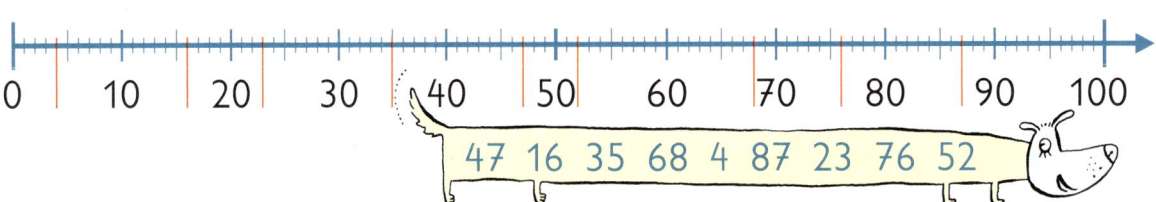

47 16 35 68 4 87 23 76 52

⑤ Zeige das Alter von Toms Familie am Zahlenstrahl.

Tom	Mama	Papa	Oma	Opa
7 Jahre alt	30 Jahre alt	33 Jahre alt	61 Jahre alt	67 Jahre alt

1: Zerlegen zweistelliger Zahlen in Zehner und Einer   2: Zur Zehner- und Einerangabe die Zahl finden
3: Zahlen in die Stellentafel eintragen   4 und 5: Zahlenangaben am Zahlenstrahl finden
AH ➤ 58–59   TÜ ➤ 61–62

① Welche Zahlen kennst du noch? Trage sie in die Hundertertafel ein.

② Zeige die Zahlen: 25, 46, 71, 33, 58, 22, 36, 83, 79, 68, 99, 70.

③ Nenne alle Zahlen, die in der Spalte unter der 17 stehen.

④ Welche Zahlen stehen in der Spalte über der 93?

⑤ Welche Zahlen stehen in der Zeile der 51?

1	2	3	4	5	6	7	8	9	10
11	12	13	14	15	16	17	18	19	20
21			24	25		27			30
31		33		35					40
41				45			48		50
51				55				59	60
61				65	66				70
71		73		75					80
81				85					90
91	92	93	94	95	96	97	98	99	100

⑥ Zähle.

von 25 bis 30   von 56 bis 65   von 99 bis 90

von 35 bis 40   von 87 bis 99   von 82 bis 77

⑦ Welche Zahlen liegen zwischen 51 und 60?
Welche Zahlen liegen zwischen 80 und 90?
Nenne Vorgänger und Nachfolger von 27, 59, 80 und 61.

8 Wahr **w** oder falsch **f** ?

Die 63 liegt zwischen der 62 und der 64.   **w** **f**

Die 41 steht über der 31.   **w** **f**

Zwischen der 12 und der 16 stehen die Zahlen 13, 14, 15.   **w** **f**

78 > 75   **w** **f**

Der Vorgänger von 29 ist 30.   **w** **f**

Der Nachfolger von 50 ist 51.   **w** **f**

1 bis 5: Zahlen finden, nennen, zuordnen   6: Vorwärts und rückwärts zählen
7: Zahlen zwischen zwei Zahlen finden, Vorgänger, Nachfolger bestimmen   8: Aussagen prüfen und begründen
AH ⬤ 58–59   TÜ ⬤ 61–62

121

Sammeln von Daten

① In welchen Monaten feiern die Kinder deiner Klasse
ihren Geburtstag? Fertige dazu in deinem Heft eine Strichliste an.

Monat	Anzahl der Kinder
Januar	
Februar	
März	
...	

In welchem Monat haben die meisten Kinder Geburtstag?

② Frage die Kinder deiner Klasse, welche dieser Haustiere sie haben.
Fertige dazu in deinem Heft eine Strichliste an.

Tiere						
Anzahl der Kinder						

③ Zähle die Gegenstände der Tabelle in deinem Klassenzimmer.
Trage die Anzahl in die Tabelle ein.

Gegenstände						
Anzahl						

Vergleiche die Anzahl der Stühle mit der Anzahl der Tische.
Anzahl der Stühle   Anzahl der Tische

122

1: Tabelle im Heft anlegen und Anzahlen eintragen, größte Anzahl ermitteln, Monat mit einer geringeren Anzahl als 5 finden
2: Strichliste zur Befragung führen   3: Strichliste führen, Zahlen vergleichen und Relationszeichen setzen
AH ⦿ 60

Die Kinder einer Schule in Leipzig kommen so zur Schule:

Klasse	🚋	🚗	🚌	🏃
1a	3	6	8	7
1b	12	4	0	8
1c	6	5	2	10

① Wie viele Kinder gehören zu jeder Klasse?

Klasse 1a: Klasse 1b: Klasse 1c:

② Wahr w oder falsch f ?

In der Klasse 1a kommen weniger Kinder mit dem Auto
als in der Klasse 1b.   w   f

In der Klasse 1c kommen mehr Kinder zu Fuß
als in der Klasse 1a.   w   f

In der Klasse 1b kommen doppelt so viele Kinder
mit der Straßenbahn wie in der Klasse 1c.   w   f

Höchstalter der Tiere

Tiere	Alter
Fuchs	20 Jahre
Eichhörnchen	10 Jahre
Storch	30 Jahre
Hirsch	30 Jahre
Pelikan	60 Jahre
Esel	40 Jahre

③ Welches Tier wird doppelt so alt
wie ein Fuchs?

④ Wie viel Jahre kann ein Pelikan
älter werden als ein Storch?

⑤ Wie viel Jahre kann ein Esel länger
leben als ein Eichhörnchen?

⑥ Stimmt es, dass ein Hirsch nur
10 Jahre älter werden kann als
ein Fuchs?

1 und 2: Informationen aus der Tabelle entnehmen, Klassenstärke berechnen und Aussagen auf wahr oder falsch prüfen
3 bis 6: Informationen aus der Tabelle entnehmen, Fragen beantworten und Lösungsfindung erklären
AH ⊙ 61

123

Du sprichst: ein Meter
Du schreibst: 1 m

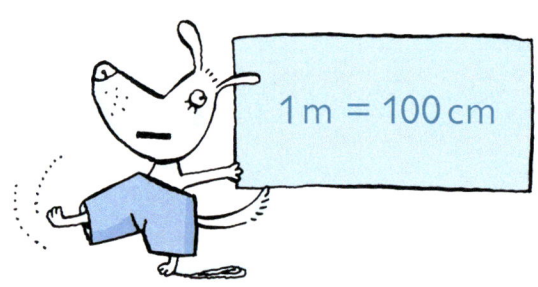

1 m = 100 cm

① Wie viele Fingerspannen brauchst du für einen Meter?
Wie viele Fußlängen brauchst du für einen Meter?

② Erkunde. Wie viel Meter sind es etwa?

	geschätzt	gemessen
Höhe der Tür		
Breite des Fensters		
Länge des Klassenraumes		

1: Feststellen der Länge 1 m mit eigenen Körpermaßen
2: Schätzen und Messen mit Messgeräten

① Lege geordnet mit Rechengeld. Beginne mit 1 Cent.

② Wie viel Geld ist das?

③ Lege auf verschiedene Weise.

26 ct   39 ct   85 ct   25 €   42 €   63 €   100 €

100 ct = 1 €

④ Setze das richtige Zeichen: < = >.

1: Geldwert erkennen, Ordnen nach Vorschrift   2: Geldbetrag (Summe) erfassen   3: Geldwert verschieden darstellen
4: Größe des Geldwertes erfassen und vergleichen, Relationszeichen setzen
AH ▶ 62–63   TÜ ▶ 63

125

Uhr – Uhrzeit

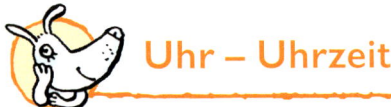

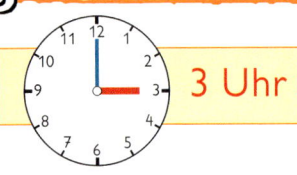

3 Uhr und 15 Uhr

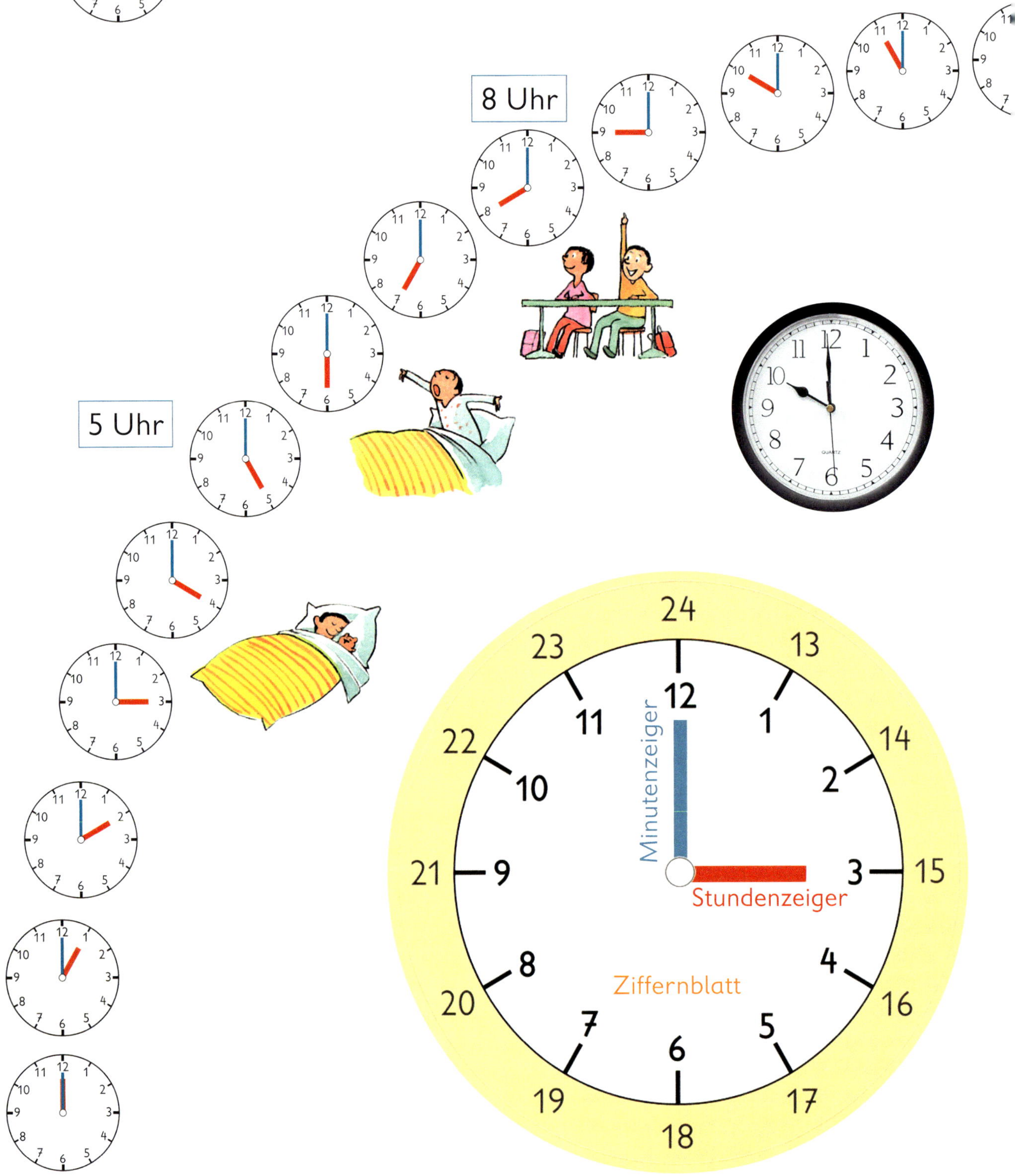
8 Uhr
5 Uhr
Minutenzeiger
Stundenzeiger
Ziffernblatt

Besprechen des Tagesablaufs, Zuordnen von Uhrzeiten, Ablesen von Uhrzeiten

AH 64 TÜ 64

1 Tag = 24 Stunden

14 Uhr

Projektidee: Zahlen überall

Zahlen gesucht

Zähle an deinem Körper und finde die Zahlen.

Sag mir doch, wo hast du **zwei**?
Zum Lauschen _____ Ohren,
zum Schauen _____ _____ ,
zum Schaffen _____ _____ ,
zum Laufen _____ _____ ,
_____ Füße dazu,
und richtig, _____ Hände,
genauso wie du!

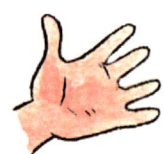

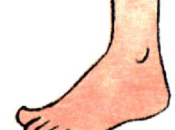

Sag mir doch, wo hast du **fünf**?
Oh, das sag ich dir geschwind.
An jeder _____ _____ Finger sind.
An jedem _____ _____ Zehen sind.
Das weiß doch jedes Kind.

Helene Hummes

① Finde die fehlenden Worte.
Schreibe dann den Reim in dein Zahlenbuch.

② Male zu jedem Reim die richtige Zahl. Gestalte sie farbig.

③ Suche weitere Zahlenreime.
Befrage dazu deine Eltern.
Schreibe auch diese Reime
in dein Zahlenbuch.
Male dazu immer die Zahlen.

④ Erfinde selbst Zahlenreime.
Schreibe sie in dein Zahlenbuch
und male die Zahlen dazu.

1 bis 2: Reime vervollständigen, in das Zahlenbuch eintragen, Zahlen farbig gestalten
3: Zahlenreime erfragen und in das Zahlenbuch eintragen   4: Zahlenreime erfinden, vortragen und einschreiben

Zahlen auf dem Kalender

(5) Was für ein Tag ist der 15. Dezember?
Was für ein Tag ist der 9. Dezember?

(6) Anna hatte 6 Tage eher Geburtstag.
Wann war das?
Ben hat genau 4 Tage später
als Tom Geburtstag.
Wann hat er Geburtstag?

(7) Klebe das Kalenderblatt deines Geburtstages in dein Zahlenbuch.
Male dazu für jedes Lebensjahr eine Blume.
Klebe auch die Kalenderblätter der Geburtstage deiner Eltern ein.

Wichtige Telefonnummern

(8) Gestalte eine Seite in deinem Zahlenbuch mit diesen Nummern.

Telefonnummer meiner Eltern   Telefonnummer der Polizei
Telefonnummer meiner Schule   Telefonnummer der Feuerwehr

Zahlen auf unserem Geld

(9) Welche Zahlen findest du:
auf den Geldscheinen, auf den Geldmünzen?
Male die Scheine und Münzen
in dein Zahlenbuch.

Zahlen auf der Uhr

(10) Male in dein Zahlenbuch eine Uhr.
Trage die Zahlen von 1 bis 12 an.
Wo müssen die Zeiger stehen, wenn es 15 Uhr ist?
Zeichne die Zeigerstellung ein.

5: Name des Tages nennen   6: Zahl und Namen nennen   7 und 8: Seiten frei gestalten lassen
9: Geldscheine und Münzen malen, freie Gestaltung der Seite ermöglichen   10 und 11: Uhr zeichnen und Zeigerstellung eintragen

129

Projektidee: „Das macht nach Adam Ries ..."

Adam Ries war ein berühmter Rechenmeister. Er eröffnete vor etwa 500 Jahren in zwei Städten **Rechenschulen**.
Das **Rechnen war damals eine Kunst**, die nur wenige Menschen beherrschten.
Adam Ries lehrte an seinen Rechenschulen das **Rechnen auf dem Rechenbrett mit Rechenpfennigen**.

① **Forschungsauftrag:** Wann lebte Adam Ries? In welcher Stadt lebte und starb er? **TIPP:** Befrage dazu deine Eltern. Bitte sie, mit dir zusammen im Internet nachzuschauen oder im Lexikon nachzulesen.

Aufbau des Rechenbrettes

Hunderterlinie	——— 100
Fünfzigerlinie	——— 50
Zehnerlinie	——— 10
Fünferlinie	——— 5
Einerlinie	——— 1

Anleitung zum Arbeiten mit dem Rechenbrett:
Liegen **5 Steine** auf der **Einerlinie**, dann musst du sie wegnehmen und dafür **1 Stein** auf die **Fünferlinie** legen.

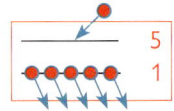

② Ordne Zahlen zu.

Liegen 2 Steine auf der **Fünferlinie**, dann musst du Sie wegnehmen und dafür **1 Stein** auf die **Zehnerlinie** legen.

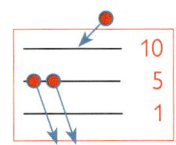

1: Unterrichtsgespräch zu Adam Ries als Vorbereitung auf den Forschungsauftrag   2: Zahlen den Darstellungen zuordnen

3 Sprich mit deinem Banknachbar darüber, was man mit dem Ausspruch „Das macht nach Adam Ries ...“ sagen will.

4 Ordne jedem Rechenbrett die richtige Zahl zu.

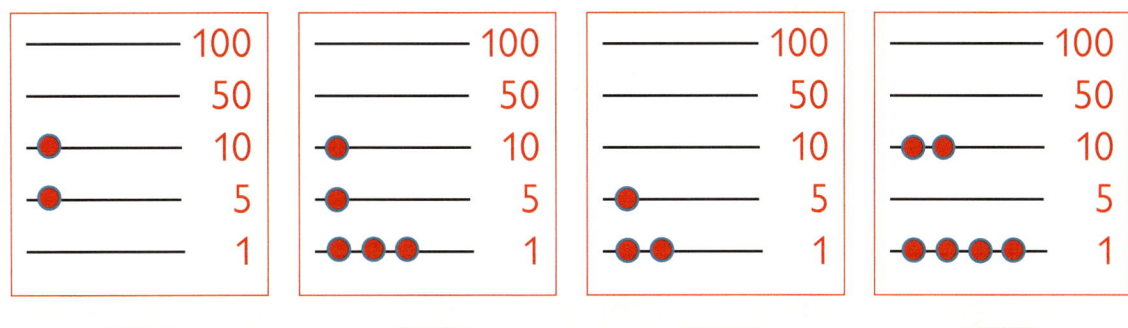

5 Zeichne ein Rechenbrett.
Lege mit Plättchen die Zahlen 6, 9, 15, 13, 50, 80.

6 Erkläre, wie du am Rechenbrett die Aufgaben löst.

5 + 4 =   15 + 2 =   9 − 4 =   17 − 2 =

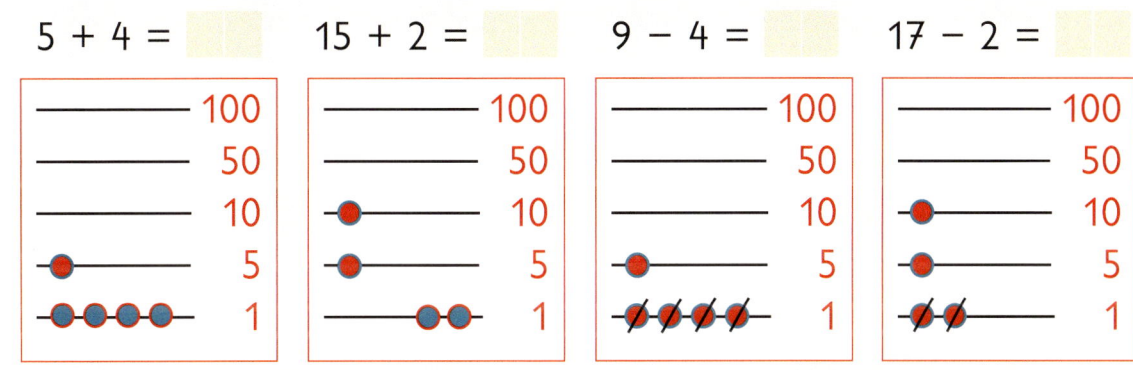

7 Rechne an deinem Rechenbrett. Erkläre deinem Partner, wie du legst und rechnest.

6 + 2	10 + 5	19 − 5	17 − 5
4 + 3	15 + 3	18 − 3	13 − 3
11 + 4	17 + 2	13 − 3	18 − 4

DEUTSCHE BUNDESPOST
100
A R
ADAM
RIESE
1492-1559

3: Mehrere Interpretationsmöglichkeiten vorstellen und diskutieren   4: Zahlen den Darstellungen zuordnen   5: Rechenbrett zeichnen, Zahlen mit Plättchen legen   6: Addieren und Subtrahieren am Rechenbrett erklären   7: In Partnerarbeit Aufgaben besprechen, legen und lösen

131

Projektidee: Mathematik zum Staunen und Spielen

TIPP
Der 3. Pfeil zeigt nach unten.

① Zeichne die beiden Pfeile in dein Heft.
Zeichne noch 2 Linien so dazu,
dass 3 Pfeile entstehen.

② Finde passende Aufgaben zu den Mustern.

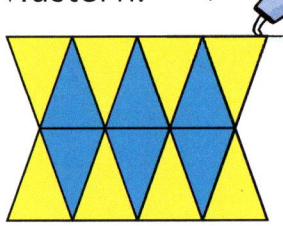
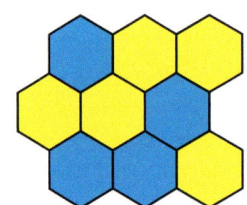

Male selbst Muster und schreibe die Aufgabe dazu.

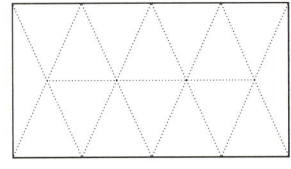
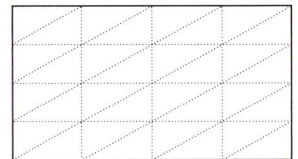

③ Wo sitze ich?

Tom beschreibt seinen Platz so:
Ich sitze rechts von Platz 6 und
links von Platz 9.
Mein Platz ist schräg gegenüber
von Platz 2.

Lisa sitzt zwischen Platz 2 und 5.
Schräg gegenüber von Platz 9.

Erfinde solche Aufgaben zum Suchen der Nummer
des Sitzplatzes.

1: Lösung finden und erklären   2: Passende Aufgaben finden, Muster gestalten und Aufgaben zuordnen
3: Sitzplätze finden (auch durch Nachspielen)

4 Lege mit 12 Stäbchen diese Figur.
Wie viele Quadrate siehst du?
Nimm 2 Stäbchen so weg,
dass 3 gleich große Quadrate bleiben.

5 ■ + ■ = ●

● − ◆ = ▲

▲ − ◆ = ■

Setze für jede der Figuren eine
der Zahlen 2, 4, 6 und 8 ein.

Rätsel - Poster

$3 + 9 = \square$

$\square - 6 = 11$

$16 - 3 = 13$

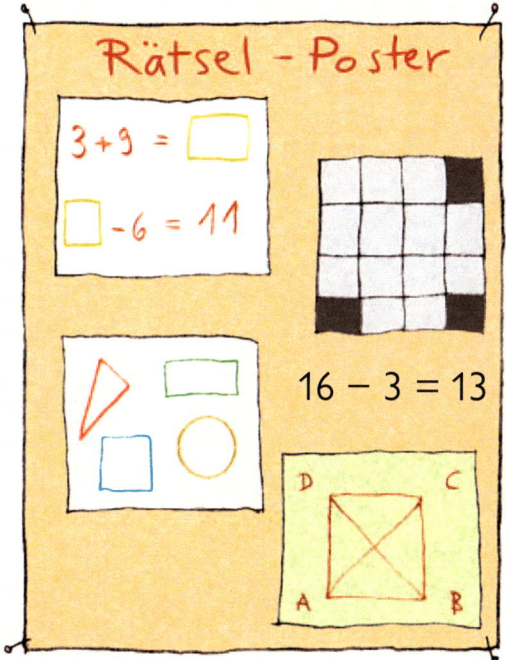

6 Wo gehören die Rechenzeichen
+ = − hin?

16		9		7		7		13		6

70		40		30		20		70		90

7

Der Hase rennt hin und her. Beim 1. Mal ist er bei der Igelfrau.
Beim 2. Mal ist er beim Igelmann. Wo ist er beim 4. Mal?
Wo ist er beim 7. Mal? Wo ist er beim 12. Mal? Stimmt es,
dass der Hase beim 20. Mal bei der Igelfrau ist?

8 Erfinde Rechenrätsel und Rechenspiele.

Paul Klee (1879–1940) nannte dieses Bild von 1923
„Kampfszene aus der komischen Oper ‚Der Seefahrer' "

① Woran denkst du beim Betrachten des Bildes?

② Welche geometrischen Formen siehst du?

③ Gestalte selbst ein Bild mit diesen Formen.

1: Bild betrachten   2: Geometrische Formen Kreis, Dreieck, Viereck entdecken   3: Bild mit geometrischen Formen gestalten

Schöne **Muster** findet man an vielen Orten auf der Welt.

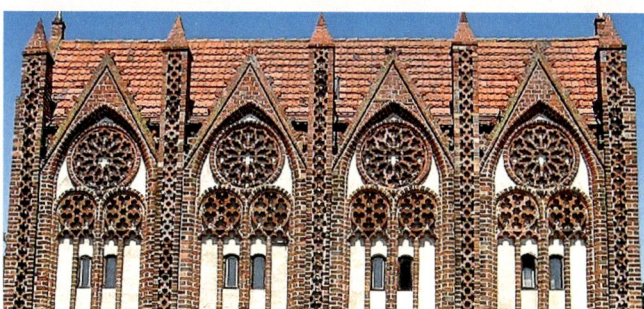

(4) Wo kannst du schöne Muster finden? Beschreibe oder male sie.

(5) Zeichne diese Muster in dein Heft.

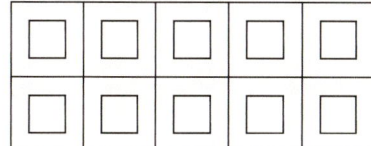

(6) Erfinde eigene Muster.

4: Weitere Muster entdecken und beschreiben oder malen   5: Muster ins Heft übertragen   6: Weitere Muster erfinden und malen

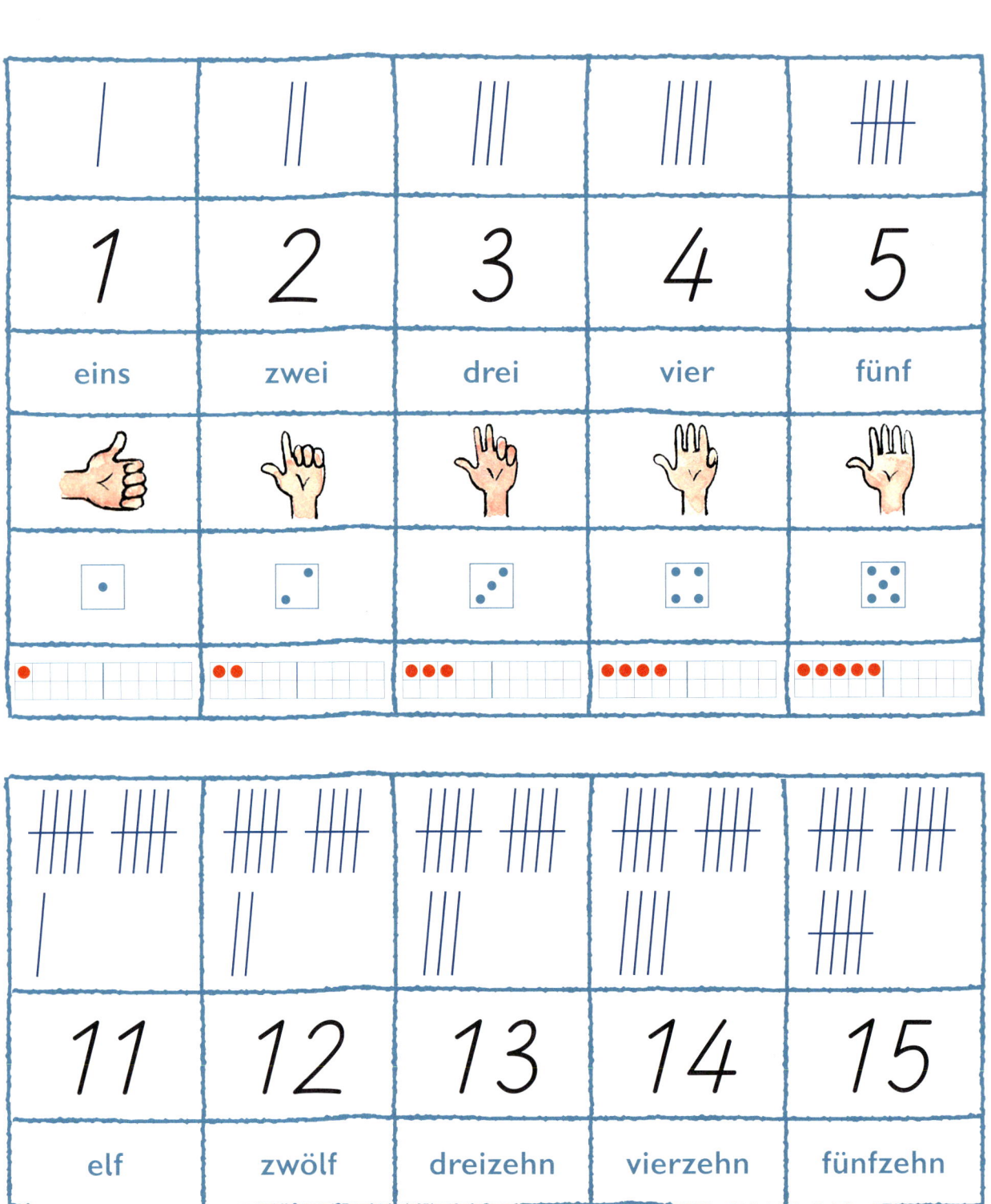